INTELIGENCIA
SOCIOEMOCIONAL

AUGUSTO CURY

INTELIGENCIA
SOCIOEMOCIONAL

OCEANO

INTELIGENCIA SOCIOEMOCIONAL

Título original: INTELIGÊNCIA SOCIOEMOCIONAL

© 2019, Augusto Cury

Traducción: Pilar Obón

Diseño de portada: Departamento de Arte de Océano
Imagen de portada: Getty Images / stevecoleimages
Fotografía del autor: © Instituto Academia de Inteligência

D.R. © 2023, Editorial Océano de México, S.A. de C.V.
Guillermo Barroso 17-5, Col. Industrial Las Armas
Tlalnepantla de Baz, 54080, Estado de México
info@oceano.com.mx
www.oceano.mx

Primera edición en Océano: 2023

ISBN: 978-607-557-779-1

Impreso en México / Printed in Mexico

Los padres inspiradores y los maestros encantadores
dan y reciben libros de regalo.
Dedico este libro a alguien especial:

_____

Para formar mentes brillantes y saludables
no hay reglas, sólo herramientas de gestión de la emoción:
Aprender a tener autocontrol para pensar antes
de reaccionar.
Aprender a ponerse en el lugar de los demás.
Aprender a trabajar las pérdidas y frustraciones.
Filtrar los estímulos estresantes para proteger la mente.
Conocer la técnica de DCD para gestionar la ansiedad.
Desarrollar paciencia con las personas lentas.
¡Y entrenarse para ser autor de tu historia!
¡Bienvenido al primer programa mundial de
gestión de la emoción para niños y adolescentes!

AUGUSTO CURY
Agosto de 2019

Dedico este libro a los padres y maestros de todos los países del mundo, y no sólo a quienes aplican el programa Escuela de la Inteligencia, proyecto pionero en el desarrollo de la gestión de la emoción para niños y adolescentes, que cuenta con más de 1,200 escuelas asociadas, 400,000 alumnos y 1.2 millones de personas que han recibido sus beneficios.

Con mucha alegría y satisfacción, comparto ahora con todos los educadores algunas de las herramientas del programa para transmitir el mensaje de que educar es más que informar: es formar mentes brillantes.

Sólo tiene una felicidad duradera quien da lo mejor de sí para hacer felices a los demás. Es por eso que agradezco a todos los padres, maestros y escuelas preocupados por la educación socioemocional en Brasil y en el mundo.

Sin ustedes, nuestro cielo emocional no tendría estrellas. Gracias por existir.

AUGUSTO CURY, PhD

Índice

Introducción

La era de las tinieblas emocionales

LA ERA DE LA QUIEBRA EMOCIONAL
Y LA LEY DEL MENOR ESFUERZO

¿Has oído hablar de la edad de las tinieblas? Ocurrió en la Edad Media, periodo que comenzó con el declive del Imperio romano de Occidente, en 476, y terminó con la toma de Constantinopla a manos de los turcos otomanos en 1453. La vida social e intelectual en esa época era oscura. Millones de seres humanos estaban enclaustrados en feudos y no había libertad para expresar las ideas, opinar e investigar. El miedo formaba parte de la vida cotidiana. El miedo al hambre, a ser herido y esclavizado secuestraba el territorio de la emoción de los niños y los adultos.

Por desgracia, la destrucción de los derechos humanos no paró en la edad oscura. El proceso de cosificación del ser humano se cristalizó y transformó a las personas en simples objetos para ejecutar las órdenes o satisfacer los placeres de los señores feudales. El *Homo sapiens* ya no era un ser único y complejo en el teatro de la existencia. Vivir siempre ha sido un contrato arriesgado, pero en aquellos dramáticos siglos los riesgos eran insoportables. Por la naturaleza dramática del dolor emocional y social, creímos que la era de las tinieblas nunca más se desarrollaría en los suelos de la humanidad. ¡Pobre convicción, ingenuo engaño!

Para nuestra tristeza, esa era está de vuelta —y con una fuerza tremenda— en una época en la que jamás pensaríamos que eso sería posible: el siglo XXI, el apogeo de la tecnología digital. Regresó poco a poco, con otras vestiduras, y fue ganando impulso, causando un tsunami social. ¡Me refiero a la era de las tinieblas emocionales! Estamos experimentando colectivamente la era de la quiebra emocional y del agotamiento cerebral, algo que sólo se observa en los campos de batalla. Pero ¿en dónde libramos esa guerra?

En nuestra mente.

Tanto como psiquiatra como investigador del proceso de construcción de pensamientos y del Yo como gestor de la mente humana, no creo que haya naciones en ningún lugar del mundo que estén o estarán libres de la era de las tinieblas emocionales, de ese tsunami psíquico. Las que están libres por ahora —como Bután, un pequeño país asiático, que valora más el PIF (producto interno de la felicidad) que el PIB (producto interno bruto)— probablemente luego se contaminarán. ¿Por qué? A causa de la ley del mínimo esfuerzo.

*Estamos experimentando colectivamente la era
de la quiebra emocional y del agotamiento
cerebral, algo que sólo se observa en los
campos de batalla. Pero ¿dónde libramos
esa guerra? En nuestra mente.*

La mente humana siempre busca atajos, aparentemente para ahorrar energía, sin saber que el camino del menor esfuerzo no es el más saludable. Es más fácil gritar que escuchar, sentenciar que ponerse en el lugar de los demás. Es más fácil conectarse virtualmente en las redes sociales que ofrecer disculpas, reconocer errores, adentrarnos en las capas más profundas de aquellos a quienes amamos. Es más fácil usar las armas que el diálogo. Pero en las relaciones interpersonales los débiles usan las armas, y los fuertes, el diálogo. Es mucho más fácil ser padres comunes y educadores aburridos que ser padres inspiradores y maestros encantadores.

La ley del mínimo esfuerzo hace que sea mucho más fácil escuchar a los personajes de la televisión que dialogar con personajes reales. En las fiestas, el alto volumen que ahoga la voz me causa escalofríos. Usar el celular en la mesa de la cena es un crimen emocional que centenares de millones de familias cometen diariamente. ¿Tú cometes ese crimen?

La soledad suave estimula la creatividad, pero la soledad intensa es tóxica para el *Homo sapiens*. Los ermitaños y los monjes desarrollan una personalidad gracias a sus meditaciones, los pacientes psicóticos crean personajes en sus mentes enclaustradas. La soledad en la era de las redes sociales es atroz, densa, asfixiante. Como no sabemos establecer un diálogo inteligente y relajante con los demás, e incluso con nosotros mismos, pensamos mucho, pero sin calidad. ¿El resultado del exceso de pensamientos? Agotamiento cerebral, fatiga excesiva. Pregúntate primero a ti mismo, y después a tus hijos, alumnos y colaboradores, si se despiertan cansados. La mayoría dirá que sí. Millones de personas gastan tanta energía mental pensando y preocupándose que el sueño ya no es reparador.

La soledad en la era de las redes sociales es atroz, densa, asfixiante. Como no sabemos establecer un diálogo inteligente y relajante con los demás, e incluso con nosotros mismos, pensamos mucho, pero sin calidad.

Pregunta a quienes están a tu alrededor si ellos también se exigen de más. La mayoría dirá que sí. A nadie le gustaría tener un cobrador persiguiéndolo noche y día para que pague una deuda que quizá deba. Sin embargo, somos tan complejos mentalmente que creamos un gerente que nos cobra una deuda que no contrajimos y que no tenemos cómo pagar. Las parejas, los padres y los maestros que se exigen de más y también a los demás están capacitados para trabajar en una financiera, pero no para tener un romance con la propia salud emocional o para promover la salud mental de quienes aman. Esto no es un juego. Estoy hablando de la era de las tinieblas emocionales. El ejemplo grita más alto, forma archivos que estructuran las matrices de la personalidad. Honestamente hablando, es inusual que seamos padres inspiradores y maestros encantadores.

Si cientos de millones de padres y madres viven bajo la dictadura de la belleza, ¿cómo vamos a prevenir el autocastigo y la fragmentación de la autoestima? En este preciso momento hay innumerables adolescentes automutilándose, pensando en renunciar a la vida o intentando suicidarse, pues no han entendido que la belleza está en los ojos del observador. En la Edad Media se esclavizaba al cuerpo; hoy, esclavizamos a la emoción.

Algunos editores dicen que soy el psiquiatra más leído del planeta en la actualidad. Pero yo preferiría vivir en pleno anonimato y tener la certeza de que los adultos, y en especial los jóvenes, estuvieran emocionalmente protegidos. Preferiría que las escuelas y universidades enseñaran a sus alumnos a ser gestores de su propia emoción y autores de su propia historia. Pero estamos en la edad de piedra en cuanto a la gestión de la emoción que, como estudiaremos, va más allá de la inteligencia emocional, pues involucra fenómenos que se encuentran en los bastidores de la mente humana, en la base de la construcción de pensamientos y en el proceso de formación del Yo.

El Yo representa la conciencia crítica y la capacidad de elección. O el Yo es entrenado, educado, pulido para ser líder de sí mismo, o será un siervo e incluso un esclavo viviendo en sociedades libres. Hoy en día ya no hay esclavos encadenados, pero hay cientos de millones de seres humanos esclavizados en el terreno de la emoción.

Esta obra no es un simple libro, sino un entrenamiento en la gestión de la emoción. Por eso, discúlpenme, pero para mí es importante ser siempre directo. Si no tienes el coraje de ubicar y revisar tus fantasmas mentales, te atormentarán toda la vida y te llevarás a la tumba tus traumas y conflictos. Y la gran mayoría de las personas se los lleva. Cuando notemos nuestras fallas, nuestros conflictos y nuestras actitudes débiles en el proceso educativo, no debemos convertirnos en esclavos del sentimiento de culpa. Si tu sentimiento de culpa es leve, te estimulará a corregir el rumbo, pero si es intenso, secuestrará tu capacidad de reinventarte.

Reinvéntate, pues todos somos imperfectos. El poeta y el ordinario, el altruista y el individualista, el tolerante y el impaciente coexisten en la misma mente, habitan en tu personalidad y en la mía. Muchas psicólogos, educadores y padres deberían saber que una persona impulsiva, irritable, fóbica o hipersensible no es así porque su Yo lo desee, sino porque el número de ventanas killer, o traumáticas, registradas en su corteza cerebral es muy elevado en cuanto a calidad e intensidad. Del mismo modo, una persona afectiva, generosa, tranquila y resiliente también es así debido a la cantidad e intensidad de ventanas light, o saludables, en la matriz de su personalidad.

Nadie da lo que no tiene. Los padres exigen a sus hijos que sean tolerantes, pero ellos mismos no configuraron ventanas saludables para expresar espontáneamente esa cualidad. Los maestros exigen que sus alumnos sean pacientes, pero no formaron en ellos ventanas suficientes para concentrarse y ser serenos. Por lo tanto, educar no es sólo imponer reglas, corregir errores, señalar fallas, mostrar los caminos de la ética y los valores, sino también crear ventanas light.

Reinvéntate, pues todos somos imperfectos.
El poeta y el ordinario, el altruista y el
individualista, el tolerante y el impaciente
coexisten en la misma mente,
habitan en tu personalidad y en la mía.

Si fracasamos en esa tarea, fallaremos como padres inspiradores y maestros encantadores. En la era digital y de la inteligencia artificial, si quieres ser un educador brillante debes conocer, aunque sea de forma mínima, el complejo funcionamiento de la mente para ser un jardinero de ventanas light, un artesano del intelecto, un poeta de la gestión de la emoción. Si no tienes esa disposición, lo mejor es cerrar este libro.

Las mentes infelices y enfermizas tienen mayores probabilidades de formar hijos y alumnos infelices y traumatizados. Las mentes felices y saludables tienen mayores probabilidades de formar mentes libres, contemplativas y bien resueltas.

EL CONOCIMIENTO ES PODER, PERO EL EXCESO DE CONOCIMIENTO ES BASURA MENTAL

La era de las tinieblas emocionales, o del agotamiento cerebral, es resultado de muchos factores. Uno de ellos es el exceso de información. Mira esto: un periódico de gran circulación actualmente reúne más información de la que un ser humano promedio hubiera adquirido durante toda su vida en siglos pasados. Eso no es sustentable para el cerebro humano. Doy conferencias en muchos países. Es preocupante constatar, en naciones tan distintas, de Rumania a Colombia, de Estados Unidos a Angola, la cantidad de síntomas psíquicos y psicosomáticos que desarrollan las personas. ¿Tienes cefalea? ¿Padeces dolores musculares? ¿Tienes taquicardia, hipertensión arterial o caída de cabello de origen emocional? Tu cerebro está gritando a través de estos síntomas: "¡No puedo más! ¡Cambia tu estilo de vida!". Pero ¿quién escucha la voz de su propio cerebro?

> *La era de las tinieblas emocionales, o del agotamiento cerebral, es resultado de muchos factores. Uno de ellos es el exceso de información.*

Si los padres no saben proteger su propio cerebro, si se estresan fácilmente, si no cuidan su propia salud física y mental, ¿cómo enseñarán a sus hijos a cuidarla? Si los maestros viven inquietos y tensos, si no saben mantener una respiración constante (una de las técnicas de oro de la gestión de la emoción es: "mi paz vale oro, el resto es insignificante"), ¿cómo enseñarán a sus alumnos a experimentar el sabor de la tranquilidad y la calma?

Al contrario de la Edad Media, en la era digital el conocimiento se ha expandido de manera aterradora. En el pasado, todo el conocimiento mundial se duplicaba cada dos o tres siglos, pero hoy se duplica cada año y pronto lo hará cada mes. ¿No es increíble?

¡Pero las consecuencias son graves! Ese conocimiento rara vez se transforma en experiencia, y la experiencia rara vez se transforma en habilidades como pensar antes de reaccionar, tener empatía, autocontrol y buen humor para que nuestro Yo sea capaz de dirigir su propio guion.

¡El conocimiento es poder! Sí, pero el exceso de conocimiento no utilizado es basura mental, produce el síndrome del pensamiento acelerado (SPA), agitación mental, sufrimiento por anticipación, bajo umbral para soportar las frustraciones, fatiga física, dolores de cabeza y otros síntomas.

El exceso de información da origen a mentes estériles, pues los nuevos conocimientos surgen de los territorios de las preguntas, no en las inmensas planicies de las respuestas. Las escuelas y universidades en todo el mundo están enviciadas en dar respuestas digeridas. Intoxican a los alumnos con 99 por ciento de respuestas y un ínfimo 1 por ciento de preguntas. Sólo interrogan en los exámenes, y rara vez durante el proceso de aprendizaje. No enseñes qué es la fuerza gravitacional, estimula a los alumnos a pensar sobre la atracción de los objetos, sobre el movimiento de los planetas. Y después, tiende un puente entre la enseñanza clásica y la vida. ¿Qué fuerza nos atrae unos a otros? ¿Qué características de los demás nos repelen? ¿A veces te repeles a ti mismo, tienes baja autoestima?

De ese modo dejarás de ser sólo un maestro más. Serás un educador encantador y descubrirás que enseñar en la era digital es provocar a pensar, y no sólo transmitir la información de la materia, pues eso cualquier computadora mediocre con inteligencia artificial lo hará con mayor eficiencia. Las escuelas y universidades racionalistas son más un cementerio de pensadores que un semillero de intelectuales. Los padres que tampoco aprenden a estimular a sus hijos con el arte de las preguntas los asfixiarán, formarán mentes frágiles y rígidas, aunque sean psiquiatras, psicólogos, abogados, ejecutivos.

Permítame hacer un paréntesis sobre las tesis académicas. Elaborar una disertación de maestría o una tesis de doctorado sin libertad, aventura o cuestionamientos —incluso al propio tutor—, sin correr riesgos, con todo controlado, desde la orientación hasta el uso de la bibliografía, con el propósito de alcanzar la nota máxima y obtener elogios es una forma excelente de sepultar la formación de pensadores. Por eso las grandes contribuciones e innovaciones salen de las *startups*, de jóvenes que ni siquiera cursaron la universidad, como el caso de Steve Jobs. Si no se reinventan, las universidades se volverán tan obsoletas como la máquina de escribir.

Siempre fui un crítico del formato tradicional de las tesis, pues mi teoría no sólo estudia el proceso de construcción de pensamientos, sino también el de la formación de pensadores. Las teorías más impactantes, como la de la relatividad, el psicoanálisis y otras, se produjeron fuera de los muros de una universidad. Pero un día, aunque ya no lo necesitaba —pues tenía millones de lectores y la teoría que desarrollé, la inteligencia multifocal, ya se citaba y desarrollaba en innumerables tesis—, decidí defender mi tesis de doctorado, que había cursado en una pequeña y fascinante universidad. Sin embargo, solicité presentar mis resultados no ante una banca de cinco examinadores, sino públicamente. El rector adoró la idea. Y así, ante una audiencia de seiscientas personas con diversos doctorados, defendí la tesis *Freemind*, que condensa uno de los inusuales programas mundiales de prevención de los trastornos emocionales. Fue emocionante. Humildemente y sin arrogancia les digo: las personas me ovacionaron de pie. Hoy en día, el programa *Freemind* se utiliza en cientos de instituciones, incluso para entrenar a magistrados, psicólogos y otros profesionales.

Hace dos milenios hubo un maestro que se convirtió en el hombre más famoso del mundo, cuyo nacimiento es el más celebrado de todos los tiempos. Él era un profesor encantador, un especialista en el arte de enseñar preguntando, incitando y usando metáforas, pues su objetivo no era formar siervos, sino *freeminds*, es decir, mentes libres. No obstante, miles de millones de personas de las más diversas religiones que lo admiran no estudiaron su mente y desconocen su psicología y pedagogía.

El síndrome depredador-presa:
la Edad Media y la era digital

En la Edad Media, la desnutrición física era dramática; hoy, la desnutrición emocional es pavorosa. En la Edad Media se mataba con espadas; hoy, en la era digital, se asesina con palabras, con la crucifixión de la imagen, con el *cyberbullying*. En la Edad Media se esclavizaba el cuerpo; en la era digital, la emoción. En la Edad Media, los ricos se protegían detrás de las murallas; hoy, en la era digital, ricos y pobres carecen de protección, su emoción con frecuencia ha sido tierra de nadie: una mirada hostil infecta el día; una ofensa, el mes; una traición destruye una vida.

En la Edad Media, los enemigos venían del exterior, eran concretos; hoy, el *Homo sapiens* digital, cuando no tiene enemigos reales, los crea en su propia mente. Uno de esos enemigos es el miedo al futuro, o futurofobia. Otro adversario extremadamente común es la glosofobia, o miedo a hablar en público, que afecta a 75 por ciento de la población. ¿Tú tienes algún tipo de miedo o inseguridad al hablar ante una audiencia?

Para entender cómo funciona ese mecanismo, imagina a un profesor que padece glosofobia. Sabe todo lo relacionado con la conferencia que va a impartir. Esa materia está en múltiples archivos en su corteza cerebral. Sin embargo, al pisar el escenario y contemplar al público, se disparan en él cuatro fenómenos inconscientes que leen la memoria sin autorización del Yo. Esos fenómenos son importantísimos, pero no tuvieron la oportunidad de ser estudiados por los grandes teóricos de la psicología y de las ciencias de la educación, como Freud, Jung, Skinner, Piaget, Vygotsky. Yo los llamo "los copilotos del Yo".

Acompáñame en mi razonamiento. Ante el público, el primer copiloto del Yo, llamado el gatillo de la memoria, se dispara y abre las ventanas de la corteza cerebral, que representan al segundo copiloto. Si las ventanas abiertas poseen el contenido de la materia, el maestro brillará. Sin embargo, si es una ventana killer, o traumática, que contiene el miedo de hablar o de ser rechazado, el volumen de tensión accionará el tercer copiloto, el ancla de la memoria. Así como un ancla sujeta un barco en un puerto, el ancla de la memoria fijará el Yo en el territorio del miedo, cerrando el circuito cerebral e impidiendo así el acceso a miles de ventanas con el contenido de la conferencia.

Cuando el circuito de la memoria se cierra a causa del ancla, el proceso predatorio continúa. El cuarto copiloto, el autoflujo, sólo podrá leer y releer las experiencias que contienen pavor, desesperación y la posibilidad de quedar en ridículo. Los cuatro copilotos bloquean el Yo y asfixian el raciocinio.

Toda esa angustiosa reacción prepara al conferencista para huir o luchar contra un agresor imaginario. El público se convierte en su depredador, su monstruo, y el profesor se sentirá la presa. Por lo tanto, la acción de los copilotos inconscientes, que deberían ayudar al Yo en la tarea de exposición del conocimiento, produce otro síndrome dramático: el síndrome depredador-presa.

PADRES DEPREDADORES DE SUS HIJOS

El síndrome depredador-presa no sólo se manifiesta en la glosofobia (miedo a hablar en público) o en cientos de fobias más, como la claustrofobia (miedo a los lugares cerrados), la alodoxafobia (miedo a la opinión y la crítica de los demás), la fobia social (miedo a las fiestas, cenas, encuentros), la futurofobia, etcétera; tiene una fuerte presencia en todas las sociedades, del Occidente al Oriente, y surge ante las más diversas situaciones estresantes entre padres e hijos, maestros y alumnos, entre parejas y entre compañeros de trabajo, provocando grandes desastres emocionales.

Por ejemplo, el infierno emocional está lleno de padres, madres y maestros bienintencionados. Muchos se convierten en depredadores de sus propios hijos y alumnos, aun teniendo la mejor de las intenciones al corregirlos. Al ser contrariados, frustrados o confrontados, el gatillo se dispara en el cerebro, abre una ventana killer y el ancla cierra el circuito de la memoria.

Si no gestionan su propia emoción, si no pronuncian la oración de los sabios —es decir, si no piensan antes de reaccionar—, los educadores elevarán el tono de voz, criticarán excesivamente, repetirán incansablemente la misma corrección. Se volverán depredadores de sus hijos y alumnos, reproduciendo mecanismos primitivos presentes en la sabana africana.

¿La consecuencia? Generarán en ellos ventanas killer, traumándolos y provocándolos a reaccionar mediante el fenómeno de acción-reacción, de golpe y contragolpe, y contribuyen así a formar jóvenes intolerantes, impacientes y de baja resiliencia.

¿Tú actúas como depredador de quien amas, o bien optas por abrazarlo y apuestas por quien se equivoca, elogiándolo en el momento del error para que abra una ventana saludable y no una killer? ¿Eres capaz de bajar el tono de voz cuando tu hijo eleva el suyo, o eres un educador bloqueador, especialista en gritar y querer domar el cerebro de los demás? En todos los capítulos de este libro encontrarás innumerables herramientas de gestión de la emoción para convertirte en una persona que inspira a sus hijos. Ejercita tu mente a diario.

> *¿Eres un padre o madre inspirador,*
> *capaz de bajar el tono de voz cuando tu hijo*
> *eleva el suyo, o eres un educador bloqueador,*
> *especialista en gritar y en querer domar*
> *el cerebro de los demás?*

¿Eres un maestro encantador, capaz de tener autocontrol en los momentos de tensión, que no compra lo que no le pertenece? ¿O, a la mínima crítica, agresividad o confrontación de tus alumnos te estresas, los acusas, expones el error en público? Al actuar así, te conviertes en un depredador, y ellos, en la presa. Entrénate para ser un gestor de tu propia emoción, como propongo en esta obra. Entrénate para elogiar a tu alumno en el momento en que él te frustra. Dile que estás orgulloso de él y que va a brillar en la vida.

Y, un momento después, di: "¡Ahora, mi querido alumno, piensa en tu comportamiento!". Ésa es una de las herramientas que proporcionamos a los maestros en el programa Escuela de la Inteligencia. ¿Sabes qué ocurrirá si das una respuesta sorprendente en los focos de tensión, si eres un maestro encantador? Estimularás al biógrafo del cerebro de tu alumno, el fenómeno RAM —o registro automático de la memoria—, a archivar una ventana light doble P, que tiene el poder de ser inolvidable y de ser leída, releída y realimentada. Tu alumno no volverá a ser el mismo.

Las impaciencias, discusiones, crisis de ansiedad, ataques de rabia y de envidia muestran que dejamos de ser seres pensantes, *Homo sapiens*, y asumimos el papel de *Homo bios*, instintivo, animal. ¿Eres una persona tranquila y pacificadora, o impaciente y agresiva cuando te sientes frustrada o decepcionada?

No conozco a personas tranquilas que no tengan sus momentos de irritabilidad; personas serenas que no reaccionen sin pensar; personas seguras que no tengan actitudes débiles o incluso personas altruistas que no beban de vez en cuando de la fuente del egoísmo. Conozco muchos educadores generosos con los demás, pero que se colocan en un lugar indigno de su propia agenda, son depredadores de sí mismos. La danza de los fenómenos inconscientes, que leen la memoria y nos transforman en una fábrica de pensamientos y emociones, convierte a la mente humana en algo complejo y fluctuante. Ningún ser humano es plenamente estable, pero fluctuar de más es un síntoma enfermizo. Oscilar entre el cielo y el infierno emocionales es autodestructivo. Vivir primaveras e inviernos en un mismo día o semana es una señal de la destrucción del ambiente emocional.

Veamos algunos ejemplos. ¿Te exiges demasiado a ti mismo? ¿Sientes la necesidad neurótica de ser perfecto? ¿Te cuesta reconocer tus errores y ofrecer disculpas? ¿No eres especialista en ser empático, en ponerte en el lugar de los demás y ver lo que las imágenes no revelan? ¿Pierdes el control ante la mínima contrariedad? Si presentas estas características, es muy probable que tu energía psíquica fluctúe excesiva y peligrosamente; te conviertes así en depredador de tus hijos cuando ellos te decepcionan o a sentirte presa de ellos cuando hacen berrinches, te exigen de más o chantajean. ¿Y quién no hace berrinches o pequeños chantajes cuando es niño? Yo discutía mucho con mi padre durante la infancia y la adolescencia. No soportaba su autoritarismo. Los años pasaron y me convertí en su mejor amigo. Por favor, en vez de frustrarte con tus hijos, ¿por qué no recuerdas cómo eras y les enseñas a negociar, a lidiar con su propia ansiedad?

La emoción de muchos maestros también fluctúa de manera exagerada. La paciencia y la explosión emocional están muy próximas. Los maestros son especialistas en comprar lo que no les pertenece. No soportan ser desafiados o contrariados, como si hubieran sido unos santos en la juventud. Muy probablemente lastimaron a muchos adultos durante la infancia. Pero nuestra memoria es corta.

Los maestros de enseñanza preescolar, básica, media o universitaria en todo el planeta racionalista no aprendieron casi nada acerca de los bastidores de la mente humana. Impartí la clase inaugural en dos facultades de medicina este año, una pública y la otra particular, y en ellas comenté que los maestros no saben dar una mínima protección a su propia emoción en los focos de tensión; lo que se puede lograr accionando el gatillo de la memoria, el primer copiloto del Yo, para encontrar las ventanas light en su cerebro y así liberar la creatividad. Cuando son contrariados por sus alumnos, por su pareja, o incluso por los compañeros de trabajo, actúan como si estuvieran en una sabana emocional, listos para ser devorados. Su Yo no razona. No entienden que quien es ansioso, inquieto o irritable está sufriendo, precisa de su abrazo y de su inteligencia inspiradora, no de su juicio. ¿Será que es tan difícil de entender? ¿Qué queremos? ¿Domar el cerebro de los alumnos o formar mentes libres?

Al desconocer las técnicas de gestión de la emoción, los padres y maestros comunes son especialistas en hacer que sus hijos y alumnos encuentren lo peor que tienen en los territorios de la mente, realimentando los consultorios de psiquiatría y psicología clínica. Los padres y maestros encantadores son peritos en llevarlos a encontrar lo mejor que tienen a través de las herramientas de gestión de la emoción. La educación debe ser humanista. No debe formar máquinas de estudiar y aprender, seres humanos destructivos y autodestructivos, sino pensadores altruistas, generosos con la vida. ¿Qué tipo de educador eliges ser?

LA IMPORTANCIA DE LA GESTIÓN DE LA EMOCIÓN

Einstein, Freud, Jung, Paulo Freire, Piaget, Thomas Edison, Descartes, Kant, Gandhi, Mandela, la madre Teresa de Calcuta y tantos otros fueron mentes brillantes. Pero ¿qué tuvieron en común? ¿Qué se incorporó a sus personalidades que los condujo a romper la cárcel de la rutina y producir nuevas ideas, actitudes sin precedentes y comportamientos notables? ¿Fue solamente la inteligencia lógico-lineal? No. Ellos desarrollaron mucho más que un raciocinio lógico y una buena memoria. También pulieron y trabajaron, aunque inconscientemente, algunas habilidades de la inteligencia socioemocional que expondré a lo largo de este libro, como el razonamiento multiangular, un notable sentido de observación, la capacidad de reinventarse, de pensar a mediano y largo plazo, de percibir las necesidades de los demás, de trabajar las pérdidas y frustraciones, de reciclar la falsas creencias. Y también fueron generosos, tolerantes, osados, disciplinados, indagadores, carismáticos, empáticos, soñadores.

Todas esas habilidades son fundamentales para el éxito emocional, social y profesional del ser humano. En la actualidad, hemos generado mucho conocimiento técnico, pero poco se habla sobre la prevención de los trastornos emocionales. Esperamos a que las personas enfermen mentalmente para después tratarlas. Craso error. La humanidad sólo pudo dar un gran paso a partir de la producción de las vacunas. ¿Y cuáles son las vacunas en la psiquiatría, la psicología y la psicopedagogía?

En conferencias recientes, pregunté a las personas en la Ciudad de México, en Bogotá y en Dubái: "¿Quién tiene algún tipo de seguro?". Prácticamente todos levantaron la mano. Enseguida cuestioné: "¿Quién tiene seguro emocional?". Nadie se atrevió a decir algo. Fueron sinceros. Casi nadie pone atención en el hecho de que, sin aprender a tener un seguro emocional o proteger la mente, los ricos se volverán miserables; los intelectuales enfermarán, pues pequeñas contrariedades les robarán la tranquilidad; los líderes no podrán guiar a la sociedad, pues no serán líderes de sí mismos. La vida es bella y breve como gotas de rocío, que por instantes aparecen y luego se disipan con los primeros rayos de Sol. Por ser tan bella, y al mismo tiempo tan breve, debemos proteger la vida de manera digna e inteligente. ¿Tú sabes protegerla?

En muchos de mis libros reflexiono sobre que debemos entender, en nuestra jornada existencial, que los mayores enemigos que sabotean nuestra inteligencia y nuestra calidad de vida no están fuera, sino dentro de nosotros. Un ser humano es verdaderamente grande cuando se convierte en un eterno aprendiz para crecer de manera sustentable. ¿Cómo? Al reconocer su historia, reciclar sus errores y conflictos, superar su necesidad neurótica de ser perfecto, crecer ante el dolor, gestionar su estrés, tener metas claras.

Debemos entender, en nuestra jornada existencial, que los mayores enemigos que sabotean nuestra inteligencia y nuestra calidad de vida no están fuera, sino dentro de nosotros.

Un ser humano es verdaderamente grande
cuando se convierte en un eterno aprendiz
para crecer de manera sustentable.

Pocas personas saben eso y, por ese motivo, la mente de muchas de ellas está enfermando. Veamos algunas paradojas de las sociedades actuales que ejemplifican bien esa realidad.

1. *La tristeza y la angustia están aumentando.* La industria del ocio está en franca expansión. Nunca habíamos tenido una fuente tan vasta de estímulos para excitar la emoción como en la actualidad. La industria de la moda, los parques temáticos, los juegos deportivos, el internet, la televisión, los géneros musicales y la literatura se han disparado en las últimas décadas. Por lo que era de esperar que nuestra generación viviera el oasis más intenso de placer y tranquilidad, pero nos engañamos. Jamás estuvimos tan tristes y fuimos tan inseguros. Muchas personas necesitan innumerables estímulos para sentir migajas de placer. ¿Qué está sucediendo? Quien desee tener una mente libre debe hacerse profundos cuestionamientos. Cada año, un millón de personas se suicida y diez millones lo intentan y por fortuna no lo consiguen. Ése es un número mucho mayor que el de las muertes provocadas anualmente por las guerras vigentes.

2. *La soledad está creciendo.* Las sociedades cada vez tienen más habitantes. Al comienzo del siglo xx, éramos poco más de mil millones de personas. Hoy, sólo China y la India tienen, cada una, más de mil millones. Dado que vivimos tan próximos físicamente, pensábamos que la soledad sería erradicada; pero de nuevo nos engañamos. La soledad nos ha contaminado. Las personas están solas en el ambiente de trabajo, en casa, en las calles, en las plazas. Están solas en medio de la multitud.

3. *El diálogo está muriendo.* Muchos sólo pueden hablar de sí mismos cuando están ante un psiquiatra o psicólogo. Padres e hijos no comparten sus historias, rara vez intercambian experiencias de vida. La familia moderna se está convirtiendo en un grupo de extraños. Todos viven aislados en su propio mundo. La mitad de los padres jamás ha conversado con sus hijos sobre sus lágrimas, sus miedos, sus angustias y sus pesadillas. En las empresas y en las escuelas, las personas están cercanas próximamente, pero distantes interiormente. Nunca verbalizan las pérdidas, angustias, miedo y conflictos. Ochenta por ciento de las personas sufre síntomas de timidez, y muchas de ellas son generosas para los demás, pero suelen ser verdugos de sí mismas.

La familia moderna se está convirtiendo
en un grupo de extraños. Todos viven aislados
en su propio mundo.

4. Las discriminaciones llegaron a niveles insoportables. Por desgracia, nos dividimos, discriminamos y excluimos de múltiples formas. No honramos el prodigio de las ideas, nuestra capacidad de pensar, el fascinante funcionamiento de la mente humana. No pocas veces, lo que más perturba no es la discriminación impuesta por los demás, sino la autodiscriminación. ¿Tú te autodiscriminas o te minimizas? En cuanto a la sociedad, ¿sientes que las personas te miran con prejuicio? ¿Ese prejuicio te lastima mucho o poco? ¿Has llorado o te has rebelado por eso?

5. La calidad de vida se está deteriorando. Cuanto peor sea la calidad de la educación, más importante será el papel de la psiquiatría en el tercer milenio. A pesar de los avances de la medicina, de la psicología y de la psiquiatría, lo normal ha sido ser ansioso y estresado, y lo anormal ha sido ser tranquilo y relajado. De acuerdo con el Instituto de Investigaciones Sociales de la Universidad de Michigan, en Estados Unidos, la mitad de las personas tarde o temprano desarrollará un trastorno mental. Un número aterrador.

Es cada vez más evidente la necesidad de adquirir herramientas de gestión de la emoción para ayudar en la construcción de relaciones sociales saludables, para educar al Yo como gestor del intelecto y prevenir los trastornos mentales, como ansiedad, fobias, timidez, agresividad, autocastigo y dependencia al alcohol y las drogas. Compartiré contigo algunas de esas herramientas en estas páginas.

1
Primera herramienta de la inteligencia socioemocional: ser autor de la propia historia

Ser autor de tu propia historia es:

1. Ser capaz de reconocer que cada ser humano es un ser único.
2. Ser gestor de los pensamientos.
3. Ser protector de las emociones.
4. Saber filtrar los estímulos estresantes.
5. Ser capaz de pensar antes de reaccionar en los focos de tensión.
6. Ser capaz de construir metas claras y luchar por ellas.
7. Ser capaz de elegir y saber que toda elección implica pérdidas, y no sólo ganancias.
8. Ser capaz de despojarse de los disfraces sociales, ser transparente y reconocer los conflictos, las debilidades y las actitudes insensatas.
9. Ser capaz de no renunciar a la vida, incluso cuando el mundo se derrumba sobre ti.

10. Ser capaz de liderarse a sí mismo, no ser controlado por el ambiente, por las circunstancias y las ideas perturbadoras.

LA ESCUELA CLÁSICA NECESITA DESARROLLAR LA INTELIGENCIA EMOCIONAL

La educación clásica nos enseña a conocer detalles de átomos que nunca veremos y de planetas que nunca pisaremos, pero no nos enseña a conocer el planeta en el que todos los días respiramos, caminamos, vivimos: el planeta psíquico; que es una de las herramientas esenciales para el desarrollo de la inteligencia socioemocional y autoconocerse, aprender a explorarse. El autoconocimiento básico es fundamental para expandir el placer de vivir, superar la soledad, promover el diálogo interpersonal, estimular la formación de pensadores, enriquecer el arte de pensar, curar el cáncer de la discriminación, prevenir la depresión, el síndrome del pánico, los trastornos de ansiedad, la dependencia a las drogas. ¿Tú te conoces? ¿Has entrado en las áreas más profundas de ti mismo? ¿Tienes miedo de explorar tus propias debilidades?

Al ser una especie pensante, poseemos la tendencia a cuidar seriamente lo que tiene valor. Cuidamos el motor del auto para que no se descomponga, la casa para que no se deteriore, el trabajo para no ser superados, el dinero para que no falte. Algunos se preocupan por la ropa, otros por sus joyas y aun otros por su imagen.

Pero ¿cuál es nuestro mayor tesoro? ¿Qué debería ocupar el centro de nuestras atenciones? ¿El auto, la casa, el trabajo, el dinero, la ropa, los viajes o la calidad de vida? Por increíble que parezca, con frecuencia nuestra calidad de vida pasa a un segundo plano. Sin ella, no tenemos nada y no somos nada; no somos mentalmente saludables, emocionalmente libres, socialmente maduros, profesionalmente realizados. ¿Tú cuidas tu calidad de vida?

Sin una mente libre y saludable, los fuertes se vuelven débiles; los famosos pierden completamente su brillo; los consumidores de drogas y alcohol se convierten en prisioneros en el único espacio en que deberían ser libres: dentro de sí mismos.

¿Tendrías el valor de subirte a un avión y hacer un largo viaje, sabiendo que el piloto no tiene experiencia de vuelo? ¿Te relajarías si supieras que él desconoce los instrumentos de navegación? ¿Dormirías durante el vuelo si él no tuviera las habilidades para desviarse de rutas turbulentas, con una alta concentración de nubes y descargas eléctricas?

Planteé esas simples preguntas en una conferencia que impartí sobre la educación del siglo XXI a cerca de trescientos coordinadores de facultades, rectores y vicerrectores de Brasil, que representaban un universo de más de cien mil alumnos universitarios. Es obvio que todos respondieron que se sentirían completamente incómodos. Muchos ni siquiera se atreverían a subirse a esa aeronave. Pero todos estuvieron de acuerdo en que día a día nos embarcamos en la más compleja de las aeronaves, con frecuencia conducida por un piloto que está mal preparado, mal equipado, mal educado y, por tanto, propenso a causar innumerables accidentes. La aeronave es la mente humana, y el piloto es el Yo.

Si entraras en la cabina de un avión de última generación, quedarías asombrado por la cantidad de instrumentos que apoyan la navegación. Pero ¿de qué sirve que haya tales instrumentos si el piloto no sabe usarlos? ¿De qué sirve que el Yo tenga recursos para dirigir la psique o el intelecto humanos si, durante el proceso de formación de la personalidad, no aprende lo básico sobre esos instrumentos ni las habilidades mínimas para operarlos?

Nadie es tan importante en el teatro social como los maestros y las maestras, aunque la sociedad no les otorgue el estatus que merecen. Y, sin embargo, el sistema en que están insertos es estresante y no forma seres humanos que tengan la conciencia de poseer un Yo, de que ese Yo está construido por sofisticadísimos mecanismos, de que esos mecanismos deberían desarrollar funciones vitales nobilísimas y de que, sin eso, el Yo carecerá completamente de la preparación para pilotear el aparato mental, en especial cuando es atacado por un trastorno mental más grave, como la dependencia a las drogas, la depresión y la ansiedad crónicas. Y al no estar preparado, será dominado por las tempestades sociales y por las crisis mentales. Será un barco a la deriva, sin timón.

Un Yo mal formado tendrá grandes probabilidades de ser inmaduro, aunque sea un gigante en la ciencia; sin brillo, aunque sea aplaudido socialmente; vivirá de migajas de placer, aunque tenga dinero para comprar lo que desee; rígido, aunque tenga un gran potencial creativo.

¿Qué hace tu Yo ante las turbulencias emocionales? ¿Las deja pasar, se aparta de ellas o las enfrenta? Si fuéramos un piloto de avión, tal vez la mejor conducta consistiría en apartarse de las densas nubes, pero, como pilotos mentales, ésa sería la peor actitud, aunque es la que se adopta con mayor frecuencia. En primer lugar, porque es imposible que el Yo pueda huir de sí mismo. En segundo, porque si el Yo ejercita la paciencia para dejar que las emociones angustiantes se disipen espontáneamente y entonces seguir adelante, caerá en la trampa de la ilusión. La paciencia, tan importante en las relaciones sociales, es dañina si implica omitir la actuación del Yo en la gestión de los dolores y de los conflictos mentales, que sólo se disiparán superficialmente. Quedarán archivados en la corteza cerebral (la capa más evolucionada del cerebro) y formarán parte de las matrices de nuestra personalidad. *Actuar* es la palabra clave. En tercer lugar, porque podrán formar ventanas traumáticas killer doble P, con doble poder: poder de encarcelar el Yo y de expandir la ventana enfermiza. Esas ventanas aprisionan el Yo y lo desestabilizan como gestor de la mente humana.

El Yo debería saber usar instrumentos para enfrentar y reciclar las tensiones, angustias y penurias emocionales. Pero las escuelas no nos enseñan a usar esos recursos. ¿Qué tipo de herramientas usas ante los miedos que te roban la tranquilidad? Los miedos o fobias vienen y aparentemente se van después de unos minutos u horas, pero esto es un engaño. Ellos no se van. En realidad, se depositan en los bastidores de la memoria, y poco a poco van desertificando el territorio de la emoción.

La fobia es una aversión irracional a algo; la dependencia a las drogas, a su vez, es una atracción irracional hacia una sustancia. Tanto una como la otra están subordinadas a las ventanas killer doble P, producidas por un registro sobredimensionado de experiencias enfermizas. Una vez que esas ventanas se instalan y se expanden, se cristaliza la dependencia psicológica. A partir de ahí, el verdadero monstruo ya no es la droga química, sino su archivo en los bastidores de la mente. Esos archivos controlan el Yo y "atormentan" al usuario de dentro hacia fuera. Las ventanas killer no pueden borrarse, solamente editarse. Por eso, superar la dependencia no es una tarea simple o mágica. Es mucho más que sólo apartarse de las drogas. Implica entrenamiento, educación, psicoterapia.

¿Y qué tipo de actitud tiene el Yo ante el ánimo depresivo que destruye el encanto por la existencia? ¿Y ante los estímulos estresantes que nos sacan del punto de equilibrio? ¿Y ante los pensamientos anticipatorios, la ansiedad y la irritabilidad?

Lamentablemente, el Yo fue entrenado para quedarse callado en el único lugar en el que no se permite quedarse quieto. Es adiestrado para ser sumiso en el único sitio en el que no se admite ser un siervo. Es aprisionado en el único ambiente en que sólo es posible ser inteligente, saludable y feliz si se tiene libertad. ¿Tu Yo se calla o grita dentro de ti? ¿Es líder o siervo de sus pensamientos perturbadores? No te apresures a responder. Pregúntate si sufres por problemas que todavía no sucedieron.

Todos somos artistas en el teatro de la vida, o el Yo como gestor de la mente

Los cambios en la psique humana no aceptan actos heroicos. Si dijeras que de hoy en adelante serás libre, tolerante, generoso, seguro, tranquilo, alegre, probablemente tu heroica intención se disipará como agua al calor de los problemas que enfrentarás. Hasta un psicópata tiene, en algunos momentos, la intención de cambiar su propia historia, pero fracasa. La verdadera libertad es un entrenamiento que se conquista día a día y generando, como veremos, plataformas de ventanas light formadas por experiencias saludables, que cimientan el Yo como gestor de la mente y autor de su propia historia.

Este libro da a conocer un proyecto que pone en evidencia que cada ser humano posee una rica historia que contiene lágrimas, alegrías, fracasos, coraje, timidez, osadía, inseguridad, sueños, éxitos, frustraciones, soledad y dependencia enfermiza. Eres un ser humano complejo.

La última frontera de la ciencia es descubrir cómo pensamos, cuál es la naturaleza y los tipos de pensamiento, en qué forma el Yo desarrolla la conciencia y puede ser gestor de la mente. Tenemos el privilegio de pertenecer a una especie pensante entre los millones que existen en la naturaleza, pero, por desgracia, nunca honramos de manera adecuada el arte de pensar. Las discriminaciones que siempre mancharon nuestra historia son testimonios evidentes de que no le damos valor a ese arte fascinante.

Lamentablemente, por la falta de comprensión del prodigio de la vida y de los secretos que nos constituyen como seres pensantes, siempre nos dividimos. La paranoia de querer estar uno por encima del otro y las guerras ideológicas, comerciales y físicas son reflejos de una especie enferma y dividida.

No nos damos cuenta de que todos somos iguales en el teatro de la mente. No somos judíos, árabes, estadunidenses, brasileños, chinos. Somos seres humanos, pertenecientes a una única y fascinante especie. Tenemos diferencias culturales, pero los fenómenos que construyen las cadenas de pensamientos y transforman la energía emocional son exactamente los mismos en todos nosotros. Por eso toda discriminación es poco inteligente e inhumana.

> *No nos damos cuenta de que todos somos iguales en el teatro de la mente. No somos judíos, árabes, estadunidenses, brasileños, chinos. Somos seres humanos, pertenecientes a una única y fascinante especie.*

Tal vez nunca hayas oído hablar sobre eso, pero enamorarse de la vida y de la especie humana es una condición fundamental para tener una alta calidad de vida y sabiduría. Por favor, recuerda siempre que la vida que pulsa dentro de nosotros, sin importar nuestros errores, aciertos, estatus y cultura, es una joya única en el teatro de la existencia. Y nunca te olvides de que cada ser humano es un mundo a ser explorado, una historia a ser comprendida, un suelo a ser cultivado. Es una actitud irracional valorar a los artistas de Hollywood, políticos e intelectuales, y no valorar con la misma intensidad nuestra indescifrable capacidad de pensar. A fin de cuentas, todos somos grandes artistas en el auditorio de nuestra mente.

¿Qué especie es ésa en la que algunos son sobrevalorados y la mayoría es relegada al anonimato? Eso es una mutilación de la inteligencia. Muchos pueden no tener fama y estatus social pero, para la ciencia, todos somos igualmente complejos y dignos.

La reina de Inglaterra nunca tuvo más valor ni más complejidad intelectual que un indigente que vive en las calles de Londres. Einstein y Freud no tuvieron más secretos psíquicos que un hambriento en un país pobre, un adicto a las drogas o un criminal. Ésa es una verdad científica.

Cuando lees tu memoria en milésimas de segundo y, sin saber cómo, eliges la información entre miles de millones de opciones en tu inconsciente para construir una única idea, estás siendo un gran artista. ¿Lo crees?

Sobrevalorar una minoría de intelectuales, artistas, políticos, empresarios, puede ser tan traumático como discriminar. Es saludable respetar y tomar a algunas personas como modelo, pero sobrevalorarlas bloquea nuestra inteligencia y nuestra capacidad de decisión. Hitler fue sobrevalorado. Las consecuencias fueron trágicas.

La primera gran herramienta de la calidad de vida de la inteligencia socioemocional es ser autor de tu propia historia. Para eso, primero es necesario observar la grandeza de la psique humana y nunca minimizarse, devaluarse o ser una víctima que siente lástima por sí misma, que se la vive buscando culpables para sus propios conflictos. Aunque haya culpables, lo importante no es realizar una caza de brujas fuera de nosotros, sino encontrar los fantasmas que habitan en nuestra mente y reciclarlos, reeditarlos, eliminarlos. Un Yo que se coloca como víctima destruye el valor necesario para reescribir su propia historia.

La primera gran herramienta de la calidad de vida de la inteligencia socioemocional es ser autor de tu propia historia. Para eso, primero es necesario observar la grandeza de la psique humana y nunca minimizarse, devaluarse o ser una víctima que siente lástima por sí misma.

En segundo lugar, debe tenerse consciencia de que, en la esencia psíquica, somos iguales, y en las diferencias, nos respetamos. Una persona madura no exige que los demás tengan el mismo pensamiento, modo de vida, creencias y cultura.

En tercer lugar, debe aprenderse a gestionar los propios pensamientos y emociones, tema que abordaremos en los próximos capítulos. Nadie puede ser un gran líder en el teatro social si primero no lo es en el teatro mental.

Muchos confunden el significado del Yo. Se carece de una definición adecuada, incluso en las teorías psicológicas. De acuerdo con la teoría de la inteligencia multifocal, el Yo representa nuestra consciencia crítica, nuestra voluntad consciente y capacidad de decidir. El Yo es nuestra identidad. No es un mero ejecutor de tareas: yo poseo, yo quiero, yo hago.

El Yo es nuestra capacidad de analizar las situaciones, dudar, criticar, tomar decisiones, ejercer el libre albedrío, corregir el rumbo, establecer metas, administrar la mente. Uno de los objetivos fundamentales para la inteligencia socioemocional es desarrollar las habilidades más importantes del Yo como gestor de la mente humana.

Los agrónomos discuten los microelementos para nutrir las plantas; los médicos debaten sobre moléculas medicamentosas; los economistas reflexionan sobre medidas para controlar el flujo de capitales internacionales; pero no sabemos casi nada sobre cómo formar el Yo para que se desempeñe como director psíquico. El sistema académico nos prepara para ejercer una profesión y para conocer y dirigir empresas, ciudades o Estados, pero no a nosotros mismos. Esa laguna ha dado origen a enormes déficits en la formación del Yo; éstos a su vez se convirtieron en uno de los principales factores que propiciaron las fallas históricas del *Homo sapiens*.

¿No es una locura que un mortal opte por hacer la guerra y cometer homicidios? El caos dramático de la muerte debería aportar —aunque sea de manera mínima— sabiduría para que el Yo controle su violencia, pero no es suficiente. Un Yo infantil, poco dado a la interiorización, se postula como un dios. ¿No es una estupidez que un ser humano, que muere un poco cada día, tenga una necesidad neurótica de poder, como si fuese eterno? ¿No es una estupidez que un hombre que no sabe cómo gestionar sus propios pensamientos tenga la necesidad ansiosa de controlar a los demás?

¿No es una barbaridad querer ser el más rico, el más famoso o el profesional más eficiente cuando se está en la cama de un hospital? Nadie quiere eso. ¿Entonces por qué muchos que tienen un éxito social y financiero espectacular, en vez de deleitarse, continúan en un ritmo alucinante, buscando metas inalcanzables? Un Yo competente no significa un Yo bien formado. Un Yo mal formado puede ser eficientísimo para el sistema social y, simultáneamente, tener una pésima relación consigo mismo.

Hay personas que tuvieron padres fascinantes, una infancia maravillosa y desprovista de traumas, pero se volvieron tímidas, pesimistas, malhumoradas, ansiosas. La base de su personalidad no justifica su infelicidad. Para entenderlas, debemos observar los mecanismos de formación del Yo. Y para que ellas superen esa infelicidad, de nada sirve tratar una enfermedad, sino un Yo enfermo, el Yo como gerente de la mente.

LA FASCINANTE CONSTRUCCIÓN DEL YO

Hay fenómenos inconscientes de altísima complejidad que dan lugar a pensamientos y emociones sin autorización del Yo, como el gatillo de la memoria y el autoflujo. Éstos son actores coadyuvantes en las construcciones psíquicas que se realizan a cada momento, incluso cuando dormimos y soñamos. ¿Cuántas veces pensamos en algo que no queremos y sentimos lo que no deseamos? ¿Tienes pensamientos que te roban la tranquilidad? Eso se debe a esos fenómenos que leen la memoria.

Un Yo enfermo, sin estructura ni madurez, es indeciso, inseguro, inestable, impulsivo, ansioso, esclavo de los pensamientos y de las emociones destructivas. Incluso hay intelectuales, ejecutivos y líderes sociales que tienen un Yo enfermo o inmaduro. Pueden proceder de manera excepcional para lidiar con los problemas externos, pero no para resolver los internos. Cuando son contrariados, criticados o sufren pérdidas, reaccionan de manera agresiva o sufren en exceso.

Nuestra historia, archivada en la memoria, es la caja de secretos de nuestra personalidad. Nadie es el único autor de su propia historia. Somos construidos y constructores de nuestra personalidad. Somos construidos por la carga genérica y por los ambientes educativo y social, representados por nuestros padres, maestros, amigos y colegas, por la escuela, la televisión, el deporte, la música, el internet. Somos constructores de nuestra personalidad por medio del liderazgo del Yo. Desde los albores de nuestra vida —cuando aún somos fetos—, cada año se registran millones de pensamientos y emociones en la memoria, tejiendo complejas redes de matrices o ventanas.

Nuestra historia, archivada en la memoria,
es la caja de secretos de nuestra personalidad.

Nadie es el único autor de su propia historia.
Somos construidos y constructores de nuestra
personalidad.

Cada vez que un feto o un bebé experimenta una sensación existencial, como tocarse el paladar con los dedos y obtener placer oral, el fenómeno RAM, el registro automático de la memoria, forma una nueva ventana o expande una ya existente.

Imagina que un hombre acaba de tener un desacuerdo con su esposa embarazada. Súbitamente, el útero materno se contrae. El bebé sufrirá un impacto. Sentirá una incomodidad por el corte súbito del placer, a causa de la contracción de la musculatura uterina o por una descarga de metabolitos estresantes que atravesaron la barrera placentaria. El consumo de drogas, incluidas las bebidas alcohólicas y el cigarrillo, puede afectar mucho al bebé por las sustancias que cruzan la barrera placentaria, causando déficit del desarrollo, agitación intrauterina, inquietud, hipersensibilidad y estímulos estresantes.

Debemos ser conscientes de que la educación no se inicia en el seno familiar o escolar, sino en el útero materno. La madre, especialmente, debe tener consciencia de que necesita proporcionar un ambiente saludable y estable durante el embarazo, para que el fenómeno RAM del bebé configure un grupo de ventanas en el centro de la memoria que subsidiará una emoción tranquila, serena, sin grandes pulsaciones ansiosas.

En síntesis, el feto, después el bebé y posteriormente el niño, expande la MUC (memoria de uso continuo) y la ME (memoria existencial) en un proceso continuo e incontrolable. Las ventanas serán leídas y releídas, formando poco a poco pensamientos que darán voz a las necesidades instintivas (sed, hambre) y a las necesidades afectivas (abrazos, seguridad, protección, interacciones). Poco a poco surge una racionalidad más compleja pautada por ideas, opiniones, comprensión, autoconocimiento, diálogos con los demás y consigo mismo.

El bebé comienza a responder a los padres y a todos los estímulos que lo rodean, en especial por la acción del gatillo de la memoria. Sonríe, juega, hace fiestas, llora, se irrita. Uno de los fenómenos más bellos de la psique humana, que demuestra la aceleración de la construcción del Yo, es la utilización tempo-espacial de los símbolos verbales para expresar la intencionalidad, una acción o voluntad. Es su gran despertar.

No es el uso correcto del tiempo verbal el que hace del Yo un brillante ingeniero psíquico, sino la osadía de considerar que la palabra manifestará sus deseos, su habilidad fenomenal de ejercer la lectura multifocal de las ventanas y manipular los datos subyacentes para expresar una intención, y creer que el otro (el padre, la madre, el responsable) lo comprenderá. Para eso, es necesario tener una "fe", una capacidad de dar crédito que ni los religiosos más fervientes poseen. Es sorprendente la habilidad del Yo de adentrarse en la oscuridad de la más compleja "ciudad", la ciudad de la memoria, encontrar direcciones como los verbos, creer que los halló sin saber previamente cuál escogería, usar símbolos lingüísticos como los sustantivos, creer en que está utilizándolos para exteriorizar un pensamiento y hacerse entender. ¿Nunca has quedado fascinado con tu capacidad de pensar?

Intenta encontrar objetos en tu casa cuando se va la luz. Tal vez no lo consigues. Ahora intenta encontrarlos con los ojos vendados, sin ayuda y sin tropezar con nada en la periferia de tu ciudad. No podrás. Pero tu Yo encuentra direcciones en tu memoria sin tropezar con nada y tiene la certeza de que los ha hallado. Y mira que la ciudad de tu memoria tiene millones de más direcciones que la ciudad de São Paulo.

Estudiar, aprender, incorporar nuevos conocimientos para nutrir las funciones del Yo es fundamental, pero someter a los adultos, y en especial a los niños, a un exceso de información y de actividades es casi un crimen contra la formación de un Yo saludable.

En la actualidad, los niños son superexpertos; tienen actitudes, respuestas y reacciones que los hacen parecer verdaderos genios. Sus padres se sienten orgullosos de exhibirlas. No entienden que esa superinteligencia es consecuencia del exceso de estimulación (televisión, videojuegos, internet) y de actividades que alargaron excesivamente el centro de la memoria, al que llamo MUC, o memoria de uso continuo, y que estimularon en demasía el fenómeno del autoflujo para construir cadenas de pensamientos a una velocidad nunca antes vista, estresando el Yo. Eso provoca que los niños y adultos sean nerviosos, inquietos, ansiosos, "máquinas de pensar", lo cual a su vez genera el síndrome del pensamiento acelerado. Ya deberíamos ser conscientes de que el exceso de pensamientos desgasta al cerebro, asfixia el placer de vivir y contrae la imaginación y la sociabilidad.

Cuidado. Probablemente, la mayoría de los niños de siete años de las sociedades actuales tienen más información que un emperador cuando dominaba el mundo en el auge de la civilización romana. Las informaciones apiladas de manera inadecuada en la MUC, el centro consciente de la memoria, no propician la construcción de pensamientos lúcidos, altruistas, coherentes y útiles para liberar la imaginación.

A FIN DE CUENTAS, ¿QUÉ ES SER AUTOR DE LA PROPIA HISTORIA?

Si consideramos la mente humana como un gran teatro, es posible afirmar que, debido a la fragilidad del Yo para actuar en su interior, la mayoría de las personas se queda entre el público, mirando pasivamente los conflictos y miserias psíquicas representados en el escenario. Es necesario salir del público, entrar en el escenario de nuestros pensamientos y emociones y dirigir nuestra historia.

Las teorías psicológicas que sostienen que no es posible cambiar la personalidad de un adulto están científicamente erradas en esa área. Es más fácil cambiar la personalidad de los niños, porque las matrices de su memoria están abiertas, pero el adulto también puede sufrir transformaciones sustanciales.

La mayoría de las personas se queda entre el público, mirando pasivamente los conflictos y miserias psíquicas representados en el escenario. Es necesario salir del público, entrar en el escenario de nuestros pensamientos y emociones y dirigir nuestra historia.

Cada vez que piensas y registras ese pensamiento, has sufrido un cambio minúsculo. Pensar es transformarse. El problema es que podemos cambiar para peor. Debido al volumen de ideas perturbadoras, muchas personas poco a poco dejan de estar alegres y ser libres, motivadas, sencillas y osadas. Podemos enfermar en cualquier época de la vida si no trabajamos nuestras pérdidas, decepciones y crisis.

¿Qué harías si la relación con las personas que amas estuviera en crisis, si el encanto por la vida se estuviera disipando y el placer por tu trabajo se estuviera agotando? ¿Lucharías por reconquistar lo que más amas? ¿Te quedarías paralizado entre el público por miedo a las dificultades, o entrarías en el escenario y decidirías ser autor de tu historia? ¡Espero que entres en el escenario, pues nadie puede dirigir por ti la obra de tu vida! El arte de gestionar la mente humana no es para personas perfectas, pues éstas sólo existen en las películas y en la literatura. Es para los seres humanos conscientes de sus imperfecciones, incoherencias y debilidades, de sus conflictos, inmadurez y estupidez.

Aunque el funcionamiento de la mente humana sea de una belleza indescriptible, la personalidad adquiere conflictos con facilidad: complejo de inferioridad, timidez, fobias, depresión, obsesión, síndrome del pánico, enfermedades psicosomáticas, rigidez, perfeccionismo, inseguridad, impulsividad, preocupación excesiva por el futuro y por la imagen social. Algunos son controlados por sus traumas del pasado; otros, por las decepciones del presente. Unos resuelven sus dificultades con facilidad; otros perpetúan sus trastornos mentales por años o décadas. No aprendieron a dirigir su aeronave mental, a usar las herramientas fundamentales para convertirse en autores de su propia historia.

Cuando es necesario, debe seguirse un tratamiento psicológico y médico sin culpabilidad y con motivación y consciencia. Sin embargo, nunca podemos olvidarnos que debemos ser los actores principales del tratamiento. El Yo es el gran agente del cambio, pero nunca he conocido a nadie que sea plenamente saludable. Las personas serenas tienen sus momentos de impaciencia. Las personas tranquilas tienen sus momentos de ansiedad. Las personas lúcidas tienen sus momentos de incoherencia. Todos necesitamos ayuda en alguna área de nuestra personalidad.

Vivimos en sociedades libres, pero nunca hubo tantos esclavos en el territorio de la emoción. Esclavos de la ansiedad, de la impulsividad, del miedo, de la intolerancia, de la timidez, de la irritabilidad, del estrés, de las preocupaciones por el mañana, del exceso de actividades.

En mi opinión, los educadores son los profesionales más importantes de la sociedad, aunque ésta no los valore. El sistema educativo ha cometido algunos errores gravísimos a lo largo de los siglos. Nos han preparado para trabajar en el mundo exterior, pero no para actuar en el mundo interior. Los maestros conocen partículas atómicas que nunca han visto, pero no saben casi nada sobre el funcionamiento de su propia mente.

Son millones las personas que nunca aprendieron que pueden y deben gestionar sus pensamientos y emociones. ¿Cómo serán líderes de sí mismas si no se conocen ni un poco? ¿Cómo evitar los trastornos mentales si no tienen herramientas para defenderse o resolverlos?

Muchos invierten toda su energía en su empresa o en su profesión. Se convierten en máquinas de trabajar, en *workaholics*. No invierten en su propia tranquilidad, en el placer de vivir o en las relaciones. Son admirados socialmente, pero tienen una pésima calidad de vida. Empobrecerán en el único lugar donde no podemos ser miserables: en el teatro de nuestra mente. Son ansiosos, irritados, inquietos, insatisfechos.

La mayoría de ellos se promete que corregirá el rumbo, pero nunca lo hace. Al final, algunos morirán y se volverán los más ricos y exitosos de un cementerio. ¡Triste historia!

¿Qué característica de tu personalidad o postura de vida has intentado cambiar, pero no has podido? Tú puedes posponer muchas cosas en tu vida, pero no la decisión de ser autor de tu propia historia. A fin de cuentas, la vida es un gran libro. Es tu responsabilidad escribirla.

2
Segunda herramienta de la inteligencia socioemocional: gestionar los pensamientos

Gestionar los pensamientos es:

1. Capacitar al Yo, que representa nuestra habilidad consciente de decidir, para que sea el actor principal en el teatro de nuestra mente. Salir de entre el público y dirigir el libreto de nuestra propia vida.
2. Ser libre para pensar, pero no esclavo de los pensamientos.
3. Administrar la construcción de pensamientos que debilitan y bloquean la inteligencia, en especial, los que ocasionan sufrimientos anticipatorios.
4. Ejercer el dominio sobre los pensamientos que producen trastornos mentales como la culpa, la fobia, el autocastigo, la obsesión.
5. Dejar de ser espectador pasivo de las ideas negativas.
6. No gravitar en torno a los problemas del pasado y del futuro.
7. Tener una mente relajada, tranquila, lúcida, ponderada.

¡Para! ¡Obsérvate! ¡Escúchate!

Algunos jóvenes sólo pueden percibir que algo está mal en la vida cuando se vuelven adultos frustrados, cuyos sueños han sido enterrados en los callejones de su propia historia. Algunos padres sólo pueden percibir la crisis familiar después de que sus relaciones con sus hijos están destruidas. Algunos profesionales sólo pueden advertir que han perdido el encanto por lo que hacen cuando se dan cuenta de que ir al trabajo es un martirio. Algunos consumidores de drogas sólo perciben que son adictos cuando se encuentran destruidos física, social y emocionalmente.

Observa que un ruido en el auto nos perturba y nos hace ir al mecánico, pero muchas veces nuestro cuerpo grita con la fatiga excesiva, el insomnio, la compulsión, la tristeza, los dolores musculares, los dolores de cabeza y otros síntomas psicosomáticos, y no buscamos ayuda. ¿Tú puedes escuchar lo inaudible, la voz de tu cuerpo y de tu mente? ¿O sólo oyes lo que es audible? Algunos sólo escuchan la voz de los síntomas cuando están en un hospital a causa de un infarto, casi muertos, completamente aprisionados por las drogas. Sé inteligente, respeta tu vida, opta por ella.

Vivimos la vida como si fuera interminable. Pero, entre la niñez y la vejez, hay un pequeño intervalo. ¡Mira tu historia! ¿Los años que has vivido pasaron muy rápido? Para las personas superficiales, la rapidez de la vida las estimula a vivir destructivamente, sin pensar en las consecuencias de su comportamiento. Para los sabios, la brevedad de la vida los invita a valorarla como un diamante de inestimable valor.

Vivimos la vida como si fuera interminable.
Pero, entre la niñez y la vejez, hay un pequeño
intervalo. ¡Mira tu historia!
¿Los años que has vivido pasaron
muy rápido?

Ser sabio no significa ser perfecto, no fallar, no llorar, ni tener momentos de debilidad. Ser sabio es pensar que cada dolor representa una oportunidad para aprender lecciones; cada error, una ocasión para corregir el rumbo; cada fracaso, un coyuntura para volver a comenzar. En las victorias, los sabios son amantes de la alegría; en las derrotas, son amigos de la reflexión. ¿Tú eres sabio?

La gestión de pensamientos es fundamental

Otro objetivo crucial para la construcción de la inteligencia socioemocional es desarrollar la capacidad de gestionar los pensamientos. Esa habilidad es uno de los pilares para la prevención de trastornos mentales, la expansión de la creatividad, la formación de la disciplina, el establecimiento de proyectos a mediano y largo plazo y el perfeccionamiento de la calidad de vida. Sin esa herramienta, es muy difícil conquistar una mente libre en una sociedad altamente estresante y consumista. El mundo de los pensamientos puede convertirse en una fuente de deleite o de terror para el ser humano.

Una de las cuestiones más complejas de la psicología es la comprensión de que la construcción de pensamientos es multifocal y no unifocal. De acuerdo con la teoría de la inteligencia multifocal, eso significa que no sólo construimos pensamientos porque queramos hacerlo conscientemente, es decir, por decisión del Yo. Existe una rica generación de pensamientos que la llevan a cabo tres fenómenos inconscientes: el gatillo de la memoria —o autoexploración—, el autoflujo y las ventanas de la memoria.

El Yo es, o debería ser, el actor principal en el teatro de nuestra mente, y esos tres fenómenos, los actores coadyuvantes. El mayor desafío del Yo es salir de entre el público y liderar el escenario. Veamos cada uno de ellos.

El gatillo de la memoria

Éste es un fenómeno inconsciente accionado en milésimas de segundo por cada estímulo extrapsíquico (imágenes, sonidos, estímulos táctiles, gustativos, olfativos) o intrapsíquico (imágenes mentales, pensamientos, fantasías, deseos, emociones), que abre las ventanas de la memoria y propicia la interpretación inmediata. Por ejemplo, todos los días vemos miles de imágenes que son interpretadas rápidamente por la activación del gatillo de la memoria y las consecuentes aperturas de ventanas.

Ese proceso ocurre sin la intervención del Yo; por lo tanto, las primeras impresiones e interpretaciones del mundo son inconscientes. Diariamente también tenemos contacto con miles de palabras escritas o habladas que son identificadas no por el Yo, sino por acción del gatillo de la memoria, que abre múltiples ventanas. Por eso, dicho fenómeno también se conoce como autoexploración.

Si encontrar cada ventana a partir de los estímulos con los cuales entramos en contacto fuera una responsabilidad del Yo, no tendríamos una respuesta interpretativa inicial tan rápida, no seríamos la especie pensante que somos. La acción del gatillo de la memoria es fenomenal. Éste explora los estímulos a partir de miles de millones de datos en la memoria con una sorprendente rapidez; como dije, en milésimas de segundo. En cuanto escuchas una palabra, sabes su significado instantáneamente si ya la habías asimilado antes. Así, tenemos consciencia inmediata de los estímulos exteriores. Sin ese fenómeno, el Yo se confundiría, no identificaría el lenguaje, el rostro de las personas, los sonidos del ambiente, la imagen de nuestra casa, nuestro auto, nuestro celular.

Si, por un lado, el gatillo de la memoria es un gran auxiliar del Yo, por el otro puede ocasionar grandes desastres. Es capaz de abrir las ventanas equivocadas o enfermizas y provocar interpretaciones superficiales, prejuiciosas, fóbicas, de aversión o, en el caso de las drogas, una atracción fatal. Por lo tanto, el gatillo de la memoria, que es un copiloto o actor coadyuvante del Yo, también puede esclavizarlo. Eso lo sabe muy bien quien padece claustrofobia, o miedo a los lugares cerrados. Quien tiene síndrome del pánico, aunque no conozca el pacto entre el gatillo de la memoria y las ventanas enfermizas de la memoria, sabe que ese trastorno es muy cruel, aunque sin duda puede superarse. Las herramientas aquí expuestas pueden contribuir en forma significativa a la solución de esos problemas.

Cuando un pensamiento perturbador, una opresión en el pecho, palabras o imágenes abren archivos enfermizos, el Yo entra en una trampa psíquica que él no programó, lo que bloquea su lucidez y coherencia. Si en esas situaciones él no sabe pilotear la aeronave mental, quedaremos dominados o paralizados.

Cierta vez, a un alumno brillante le fue mal en un examen. Había estudiado, conocía bien la materia, pero se puso tenso y no pudo recordar la información. Experimentó pánico y registró esa frustración. Entonces estudió todavía más para el siguiente examen. Cuando llegó el día, el gatillo de la memoria entró en escena y abrió el archivo que contenía su miedo a fallar.

¿El resultado? El alumno no logró abrir el resto de los archivos que contenían la información que había estudiado. Sufrió una intensa crisis de ansiedad y tuvo un pésimo rendimiento intelectual. Era un drama cada vez que debía presentar un examen. Perdió la confianza en sí mismo. Sólo pudo rescatarla después de recuperar el liderazgo del Yo; aprendió a gestionar sus pensamientos negativos y las emociones tensas. Son temas que estudiaremos más adelante.

El autoflujo

Éste es un fenómeno inconsciente de vital importancia para la psique humana. El Yo hace una lectura lógica, dirigida y programada de la memoria, aunque sea incoherente y desprovista de profundidad. La lectura del autoflujo es diferente. Él realiza un barrido inconsciente, aleatorio y no programado de los más diversos campos de la memoria, generando pensamientos, imágenes mentales, ideas, fantasías, deseos y emociones en el teatro mental. Es él quien produce los pensamientos que nos distraen, las imágenes mentales que nos animan, las emociones que nos hacen soñar. Nos lleva a ser viajeros sin compromiso con el punto de partida, el trayecto y el punto de llegada.

Todos somos viajeros en el universo de nuestra mente, no a causa del Yo, sino gracias al fenómeno del autoflujo. Diariamente, cada ser humano gana varios "boletos del fenómeno del autoflujo" para viajar por sus propios pensamientos y fantasías, por el pasado, por el futuro. ¿Cuántas veces nuestro Yo se sorprende con la creatividad de nuestra mente, una facultad presente incluso en los sueños? ¿El responsable? El fenómeno del autoflujo, que mantiene viva la corriente de construcciones intelecto-emocionales en cada momento existencial. Un presidiario puede tener el cuerpo confinado detrás de las rejas, pero su mente está libre para pensar, fantasear, soñar, imaginar. Sin ese fenómeno, habría suicidios colectivos.

El autoflujo nos trae problemas, pero sin él moriríamos de aburrimiento, de soledad, de angustia existencial, de depresión. La meta fundamental de ese fenómeno inconsciente consiste en ser la mayor fuente de entretenimiento humano. Los pensamientos e ideas (cadenas de razonamientos o raciocinio) producidos por el fenómeno del autoflujo representan la mayor fuente de distracción, placer e inspiración del ser humano, más que la televisión, los deportes, la literatura, las imágenes del ambiente y el instinto sexual.

Tú pasas gran parte de tu tiempo envuelto en el mundo de tus pensamientos. Algunos viajan tanto que las personas viven distraídas, no se concentran, no prestan atención cuando están leyendo un libro (pareciera que no asimilan nada de lo que leen) o escuchando a alguien (pasan minutos sin atender). Como estudiaremos, muchas desarrollan un síndrome del pensamiento acelerado (SPA). Su mente está alterada, inquieta, hiperpreocupada.

En la actualidad, ese fenómeno, que debería ser una fuente de entretenimiento, se ha convertido en el origen de la ansiedad y el terrorismo psicológico. Si no aprendemos a gestionar la creación de pensamientos proveniente del autoflujo, viviremos en la peor prisión del mundo dentro de nuestra mente. ¿Qué pensamientos te perturban? ¿Tu mente está alterada? ¿Sufre por anticipación? ¿Está fatigada?

En muchos casos, el punto de partida para la lectura del fenómeno del autoflujo son las ventanas abiertas por el gatillo de la memoria. Por ejemplo, una persona tiene fobia de volar. Cuando entra en un avión, el gatillo de la memoria se dispara y abre la ventana traumática de que el aeroplano se va a caer. A su vez, el fenómeno del autoflujo se ancla en esa ventana enfermiza y genera miles de pensamientos perturbadores, llevando al pasajero a creer que, por cada pequeña turbulencia, vivirá los últimos instantes de su vida.

Las ventanas de la memoria

Una ventana de la memoria es un territorio de lectura en un momento existencial determinado. En las computadoras, tenemos acceso a todos los campos de la memoria; en la mente humana, este acceso está restringido a áreas específicas, que llamo ventanas. Como veremos, el desafío del ser humano es abrir el máximo de ventanas en un foco de tensión; pero, por desgracia, podemos cerrarlas y reaccionar instintivamente, como animales irracionales, y de ese modo seremos víctimas de la ira, celos, fobias, compulsiones, de la necesidad neurótica de poder y de la adicción.

La ventana de la memoria representa una región de la memoria en donde el Yo, el gatillo de la memoria y el autoflujo pueden anclarse para construir pensamientos.

Esas ventanas pueden ser de tres tipos:

- *Neutras*: corresponden a más de 90 por ciento de todas las áreas de la memoria. Contienen miles de millones de informaciones "neutras", sin contenido emocional, tales como números, direcciones, teléfonos, información escolar, datos comunes, conocimientos profesionales.

- *Killer*: corresponden a todas las áreas de la memoria que tienen un contenido emocional angustiante, fóbico, tenso, depresivo, compulsivo. *Killer* significa asesino en inglés. Son ventanas que controlan, amordazan, asfixian el liderazgo del Yo. Las ventanas killer contienen nuestras experiencias traumáticas, como frustraciones, pérdidas, crisis, traiciones, miedos, rechazos, inseguridades, sentimientos de odio y rabia. Algunas ventanas killer son estructurales, o doble P, pues tienen doble poder: de encarcelar al Yo y de expandir la propia ventana o la zona de conflicto.

- *Light*: corresponden a todas las áreas de lectura cuyo contenido es placentero, tranquilizador, sereno, lúcido, coherente. Las ventanas light "iluminan" el Yo, cimentan su madurez, lucidez y coherencia. Albergan las experiencias saludables, como el recuerdo de recibir apoyo, de superación, arrojo, sensibilidad, capacidad de ponerse en el lugar del otro, de pensar antes de actuar, de amar, entregarse, solidarizarse, tolerar.

La inteligencia socioemocional (multifocal) demuestra que, sin los actores coadyuvantes, el Yo no se formaría. No sabríamos quiénes somos, no tendríamos consciencia crítica ni identidad psicosocial. Esto se debe a que antes de que el Yo comience a tener consciencia de sí mismo, necesita conocer millones de datos archivados en la memoria en los primeros años de vida. ¿Quién crea esas informaciones? Los tres actores coadyuvantes ya citados.

Sin embargo, la producción de pensamientos se puede volver el gran villano de la calidad de vida y de la felicidad. Créelo: tus mayores enemigos no están fuera de ti, sino dentro. Tú te puedes convertir en el mayor verdugo de ti mismo.

Pensar es excelente, pero pensar demasiado y sin calidad puede convertirse en un gran problema. Si el Yo no aprende a gestionar los pensamientos, nuestra mente puede transformarse en una cantera de pesadillas y desarrollar el síndrome del pensamiento acelerado.

> *Pensar es excelente, pero pensar demasiado y sin calidad puede convertirse en un gran problema.*
> *Si el Yo no aprende a gestionar los pensamientos, nuestra mente puede transformarse en una cantera de pesadillas y desarrollar el síndrome del pensamiento acelerado.*

EL SÍNDROME DEL PENSAMIENTO ACELERADO

¿Cuál es el mal del siglo? ¿La depresión? No hay duda de que la depresión afecta a un número significativo de personas en las sociedades modernas. De acuerdo con la Organización Mundial de la Salud (OMS), 20 por ciento de la población padecerá depresión hacia finales de esta década. Pero, como veremos, el síndrome del pensamiento acelerado (SPA) puede alcanzar a tres o cuatro veces más.

Humildemente digo que, así como tuve el privilegio de descubrir el síndrome del circuito cerrado de la memoria (CiFe, por sus siglas en portugués), que se encuentra en la base de las agresiones domésticas, del *bullying*, de los conflictos profesionales, del suicidio, de las guerras y de otras formas de violencia, tuve también el honor de desvelar el síndrome más penetrante y "epidémico" de la actualidad, el síndrome del pensamiento acelerado.

Al mismo tiempo, tuve la desgracia de saber que gran parte de las personas de casi todas las edades está afectada, en diferentes niveles, por este trastorno, incluidos los niños que son tratados ya sea como genios o como seres hiperactivos. Destruimos, sin darnos cuenta, la infancia de los niños.

Pensar es bueno, pensar con consciencia crítica es aún mejor, pero pensar excesivamente es una bomba contra la calidad de vida, contra una mente libre, una emoción saludable y un intelecto creativo y productivo.

Muchas personas tienen varios motivos para sonreír y relajarse, pero su mente hiperpensante constriñe el placer de vivir y fomenta una ansiedad tan intensa que las vuelve angustiadas, irritables, intolerantes, constantemente tensas. Editar o acelerar el pensamiento sin control es la señal más evidente de la falla del Yo como gestor psíquico. Nadie soportaría ver escenas de una película a gran velocidad y por mucho tiempo. Pero soportamos durante años que nuestro pensamiento ruede su "película" a toda velocidad. El costo físico y mental es altísimo.

Estudiar el síndrome del pensamiento acelerado, sus síntomas, causas, consecuencias y mecanismos de superación debería formar parte del plan de estudios de todas las escuelas, desde preescolar hasta posgrado, incluso maestría y doctorado. Pero estamos demasiado ocupados en analizar millones de datos sobre átomos que jamás veremos y espacios que jamás pisaremos.

No tenemos tiempo para explorar el mundo que nos teje como seres pensantes. Ese tipo de educación basada en el contenido estresa a los nobilísimos maestros y crea repetidores de información, no pensadores. Y, para empeorar las cosas, produce personas física y emocionalmente enfermas.

Cualquier persona sabe que una máquina no puede trabajar continuamente a una alta revolución, día y noche, pues corre el riesgo de sobrecalentarse y fundir sus piezas. Pero es casi increíble que nosotros, los seres humanos, no tengamos la mínima consciencia de que pensar demasiado y sin ningún autocontrol es una fuente de agotamiento mental.

Los niños y los adolescentes están agotados mentalmente. Los padres y los maestros están fatigados sin saber por qué. Los profesionales de las más diversas áreas despiertan cansados, llevan a cuestas su propio cuerpo durante el día.

La humanidad ha tomado el camino equivocado: estamos enfermando rápida, intensa y colectivamente en la era de las computadoras y el internet. Estamos llevando a la psique a un estado de quiebra colectiva, y simplemente no nos estamos dando cuenta. Incluso si el contenido fuera positivo, culto, interesante, la propia aceleración del pensamiento genera un desgaste cerebral intenso, dando lugar a la más importante ansiedad de los tiempos modernos, con las más variadas sintomatologías.

Existen muchos tipos de ansiedad, como la postraumática, el TOC (trastorno obsesivo-compulsivo), el trastorno del pánico, el síndrome del *burnout*, pero la ansiedad causada por el SPA es la más extensa y la más "contagiosa".

La humanidad ha tomado el camino equivocado: estamos enfermando rápida, intensa y colectivamente en la era de las computadoras y el internet. Estamos llevando a la psique a un estado de quiebra colectiva, y simplemente no nos estamos dando cuenta.

Síntomas del SPA:

1. Ansiedad.
2. Mente inquieta o agitada.
3. Insatisfacción.
4. Cansancio físico exagerado, despertar cansado.
5. Fluctuación emocional.
6. Irritabilidad.
7. Impaciencia.
8. Dificultad para lidiar con la rutina.
9. Dificultad para lidiar con personas lentas.
10. Bajo umbral para soportar frustraciones (los pequeños problemas causan grandes impactos).

11. Dolor de cabeza.
12. Dolor muscular.
13. Compulsión alimentaria.
14. Otros síntomas psicosomáticos (caída del cabello, taquicardia, aumento de la presión arterial, etcétera).
15. Déficit de concentración.
16. Déficit de memoria.

Aunque no exista una clasificación inflexible, podemos decir empíricamente que quien presenta por lo menos dos de esos síntomas tiene un bajo nivel de SPA; tres a cuatro síntomas, un nivel medio; cinco o seis síntomas, un nivel alto; más de siete síntomas, un nivel altísimo, por lo que debe cambiar rápidamente su estilo de vida.

Varias universidades, incluidas las que imparten cursos de psicología, están discutiendo el síndrome del pensamiento acelerado; también los nutriólogos, pues saben que uno de los síntomas del SPA es la compulsión alimentaria. El placer oral producido por los alimentos se utiliza como una forma de compensar el alto grado de ansiedad derivado del síndrome. Es fundamental descubrir la causa de la obesidad que se deriva de una mente intranquila. Muchos jóvenes viven ese drama.

Otro síntoma relevante del SPA es el sufrimiento por anticipación. Nos angustiamos por hechos y circunstancias que todavía no han sucedido, pero que ya están dibujados en nuestra mente. Incluso quien detesta las películas de terror con frecuencia crea una en su propia mente. Su Yo sabotea su tranquilidad.

Aun cuando no entiendan la causa, todos los maestros del mundo saben que en los últimos diez años los niños y los adolescentes han manifestado más inquietud y desconcentración, sin respeto unos por los otros y sin el placer por aprender. El motivo es el exceso de información, el uso exagerado de teléfonos inteligentes y videojuegos.

¿Por qué muchos despiertan fatigados? Porque gastan mucha energía pensando y preocupándose durante el estado de vigilia. El sueño deja de ser reparador, no logra reponer la energía a la misma velocidad.

Cuando el cerebro está desgastado, estresado y sin energía, busca órganos de choque para alertarnos. En ese momento aparece una serie de síntomas psicosomáticos, como el dolor de cabeza y muscular, que representa el grito de alerta de miles de millones de células suplicando que cambiemos nuestro estilo de vida. Pero ¿quién escucha la voz de su propio cuerpo?

¿Y los olvidos? ¿Por qué hay un gran grupo de personas con déficit de memoria? Porque nuestro cerebro tiene más juicio que nuestro Yo. Al percibir que no sabemos gestionar nuestros pensamientos, que vivimos agotados, el cerebro utiliza mecanismos instintivos que bloquean las ventanas de la memoria en un intento por obligarnos a pensar menos y ahorrar más energía.

Con frecuencia, en los congresos de educación en los que participo, pregunto si los maestros tienen déficit de memoria. La respuesta es siempre la misma. Casi todos responden que sí. Entonces los alerto, entre bromas pero con seriedad. Les digo: "Queridos maestros y maestras, si a ustedes, como docentes, se les olvidan las cosas, ¿cómo tienen el valor de exigir a sus alumnos que se acuerden de la materia en los exámenes?". Todos se ríen y aplauden. Pero en el fondo quiero señalar algo extremadamente serio.

Nuestros alumnos también sufren de SPA, que perjudica la asimilación de la información, la organización y la capacidad de recuperarla, comprometiendo así el desempeño intelectual. Hay alumnos brillantes que no se destacan en los exámenes, no porque no sepan la materia, sino porque truncaron todo el proceso.

He dicho que los ministerios de Educación y Cultura de diversos países están equivocados al evaluar a un alumno sólo por su desempeño en los exámenes. Ellos deben ser evaluados no sólo por la capacidad de repetir datos, sino también por su inventiva, su razonamiento esquemático y su osadía. Por lo tanto, si queremos formar pensadores, las evaluaciones deben darse fuera del espacio de los exámenes, según criterios como participación, altruismo, proactividad, debate de ideas, claridad de pensamiento y cooperación social durante las clases. Ésos son los elementos que determinarán el éxito en las pruebas de la existencia, mucho más que sus aciertos y errores en los exámenes escolares.

El déficit de memoria alcanza a las más diversas personas en los más distintos niveles. Hay personas que con frecuencia olvidan el nombre de sus compañeros de trabajo, dónde pusieron las llaves del auto, dónde se estacionaron. Los olvidos comunes son un clamor positivo del cerebro, avisándonos de que se ha encendido un foco rojo, que el SPA asfixió y está desgastando nuestra mente a tal punto que está comprometiendo seriamente nuestra calidad de vida. El déficit de memoria común es una protección cerebral, no un problema, como muchos médicos piensan.

El cerebro bloquea ciertos archivos de la memoria en un intento por disminuir el exceso de pensamientos producidos por el SPA. Considera esto: una persona muy estresada, afectada por el SPA, puede consumir más energía que diez cargadores. Sabio es aquel que hace mucho gastando pocas energías.

¿De qué sirve ser una máquina de trabajar si perdemos a las personas que más amamos, si no tenemos una existencia tranquila, encantadora, motivadora? Las personas cuyo trabajo intelectual es excesivo, como los ejecutivos, médicos, psicólogos, abogados, maestros, están desarrollando un SPA más intenso. Las personas responsables están más estresadas.

¿De qué sirve ser una máquina de trabajar
si perdemos a las personas que más amamos,
si no tenemos una existencia tranquila,
encantadora, motivadora?

Causas del SPA:

1. Exceso de información
2. Exceso de actividades
3. Exceso de trabajo intelectual

4. Exceso de preocupación
5. Exceso de exigencia
6. Exceso de uso de celulares, internet y computadoras

La psicodinámica

El exceso de información es la causa más importante del SPA. Creíamos que esa avalancha de información —que proviene de la televisión, la escuela, los videojuegos, los teléfonos inteligentes y los periódicos— no era un problema tan importante; pero ahora, por el hecho de que sabemos que existe un fenómeno que archiva todo en la corteza cerebral sin autorización del Yo —el fenómeno RAM—, ese exceso de información satura la memoria de uso continuo (MUC).

La MUC es el centro consciente de la memoria. Metafóricamente, representa el centro de circulación de un ser humano en una gran ciudad. En su día, él frecuenta como máximo 2 por ciento de las calles, avenidas y tiendas. Con el tiempo, sale hacia áreas periféricas, que en la teoría de la inteligencia multifocal llamamos ME (memoria existencial o inconsciente).

Si saturamos excesivamente la MUC, aumentando ese centro de circulación a 5 o 10 por ciento, expandimos los niveles de ansiedad vital y sobreestimulamos el fenómeno del autoflujo que, a su vez, comienza a leer la memoria en forma rápida y descontrolada y a generar pensamientos a una velocidad nunca antes vista. Por lo tanto, eso da origen al síndrome del pensamiento acelerado.

Retomemos la metáfora de la ciudad para explicar la memoria y los fenómenos inconscientes que actúan en milésimas de segundo: todos tenemos nuestro centro de circulación en una ciudad. En São Paulo, por ejemplo, una persona suele frecuentar una o dos farmacias. Pero tiene a su disposición otros cientos de farmacias en barrios distantes. Si, para decidir comprar un medicamento, tuviera que ir a innumerables farmacias y seguir las más diversas trayectorias, tal vez tardaría un día, tal vez una semana. Tanto esfuerzo podría perjudicar su salud.

Del mismo modo, cuando alargamos excesivamente la MUC, el centro de circulación de la "ciudad" de la memoria, desarrollamos un trabajo mental desgastante y poco productivo. Muchas personas que laboran en empresas se informan y piensan mucho, pero no a profundidad. Las ideas originales desaparecen.

La teoría de la inteligencia multifocal, al estudiar el proceso de construcción de pensamientos como última frontera de la ciencia y el proceso de formación de pensadores, sustentó mi convicción de que no es el exceso de información y de pensamientos lo que determina la calidad y la originalidad de las ideas. Einstein tenía acceso a menos información que la mayoría de los ingenieros y físicos de la actualidad. Y fue mucho más lejos. Es la manera en que reorganizamos los datos, no su exceso, lo que determina nuestro grado de creatividad.

Es fundamental seleccionar la información. Pero en esta sociedad urgente, no se nos da oportunidad de elegir el menú de nuestra mente. Engullimos todo y rápidamente, sin digerir. ¿Cómo no estresarse drásticamente? Estamos destruyendo a nuestros empleados en las empresas, asfixiando a los maestros en el salón de clases, infartando a los médicos en los hospitales.

Es fundamental seleccionar la información.
Pero en esta sociedad urgente, no se nos da la
oportunidad de elegir el menú de nuestra mente.
Engullimos todo y rápidamente, sin digerir.
¿Cómo no estresarse drásticamente?

Imagina lo que sucede con los hijos de la humanidad. Nosotros, los adultos, bien o mal, todavía somos capaces de soportar los síntomas del SPA. ¿Y qué pasa con los niños y los adolescentes? Un niño de siete años recibe un exceso de información. Nunca tuvimos tanta información, sin utilidad, saturando y estresando el cerebro. Nunca tuvimos una mente tan febril, tensa y ansiosa. El síndrome del pensamiento acelerado lleva a nuestros jóvenes, los niños incluidos, a sufrir insatisfacción crónica, con bajo umbral para lidiar con estímulos estresantes, intolerancia a las contrariedades, inestabilidad emocional (en un momento están tranquilos, en el otro son explosivos), bajo rendimiento intelectual, dificultad para elaborar las experiencias e infantilización de la emoción.

Hay adolescentes de dieciocho años que tienen una edad emocional de diez o doce. Y lo que es peor: hay muchos adultos de treinta o cuarenta años que poseen la edad emocional de un adolescente. Quieren todo rápido y listo, no saben transformar el caos en una oportunidad creativa; tienen dificultades para lidiar con las frustraciones, sienten la necesidad neurótica de tener presencia social y poder, y de que el mundo gravite en torno a ellos.

De quienes padecen SPA no son pocos los que rumian el pasado o anticipan el futuro. aquellos que se centran en sus errores, fallas, pérdidas e inseguridades se culpan intensamente. Si la culpa es aguda, controla el placer de vivir, asfixia la libertad. Esa dinámica enfermiza afecta incluso a personas religiosas, que perdonan a los demás, pero se exigen en exceso a sí mismas, no se perdonan. Son verdugos de sí mismas.

Otras rumian no sus propias fallas, sino las de otros: estas fallas promoverán sus frustraciones, decepciones y traiciones. Por lo tanto, desertifican la MUC, causando una plataforma de ventanas traumáticas que generan pensamientos acelerados y de pésima calidad.

El pensamiento anticipatorio es otro gran ladrón de la calidad de vida. Por lo general, quien padece SPA sufre por el futuro: "hace el velorio antes de tiempo". Los problemas todavía no han ocurrido, pero esas personas sufren por anticipación. Gran parte de nuestros pensamientos anticipatorios no se volverá realidad; son creencias falsas, distorsionadas o exageradas. Por lo que sufrimos inútilmente. ¿Tú sufres por cosas que todavía no han ocurrido? ¿Te intranquilizas por el futuro?

Los jóvenes se martirizan por el examen que presentarán; las madres, por imaginar que sus niños consumirán drogas en el futuro; los ejecutivos, por fantasear con la pérdida del empleo o el no cumplimiento de sus metas; los hipocondriacos, por desarrollar enfermedades que no poseen. El prodigio de los pensamientos, el gran privilegio de nuestra especie, se convirtió en un escenario de terror en la mayoría de los seres humanos.

¿Cómo gestionar los pensamientos?

Una excelente ayuda para gestionar los pensamientos es poner en práctica la técnica DCD (*dudar, criticar, determinar*), que estructura y fortalece el liderazgo del Yo. Esta técnica debe realizarse en el silencio de nuestras mentes varias veces al día, con emoción y valor. Y cada persona debe hacerla conforme su propia capacidad intelectual y cultural.

La técnica DCD consiste en tres pilares que son otras tantas perlas de la inteligencia humana. El arte de la duda es el principio de la sabiduría en la filosofía. El arte de la crítica es el sostén de la sabiduría en la psicología. Y el arte de la determinación estratégica es el fundamento de la sabiduría en el área de los recursos humanos. En cada momento, debes dudar de todo lo que controlas, criticar todo pensamiento perturbador y determinar estratégicamente adónde quieres llegar.

Duda de todas tus falsas creencias. Duda de que no puedes superar tus conflictos, tus dificultades, tus desafíos, tu dependencia. Duda de que no puedes ser auténtico, transparente y honesto contigo mismo. Duda de que no puedes ser libre ni autor de tu propia historia. Duda de que no puedes brillar como padre, ser humano y profesional. Recuerda todo aquello en lo que crees y controlas. Si no dudas frecuentemente de tus falsas creencias, éstas te esclavizarán y, como veremos más adelante, no podrás reeditar la película del inconsciente.

Critica todo pensamiento angustiante, toda idea pesimista y preocupación excesiva. Nunca olvides que cada pensamiento negativo debe combatirse con el arte de la crítica. Tu Yo debe dejar de ser pasivo, tiene que cuestionar la ira, el odio, la envidia. Critica la ansiedad, la agitación mental, la necesidad de tener presencia social. Cuestiona tu miedo al futuro, de no ser aceptado, de fracasar.

Duda de que no puedes ser auténtico,
transparente y honesto contigo mismo.
Duda de que no puedes ser libre ni autor
de tu propia historia.

Después de ejercer el arte de dudar y criticar en el escenario de tu mente, practica el tercer estadio de la técnica DCD. Determina estratégicamente ser libre, no ser esclavo de tus conflictos. Entre desear y determinar hay una laguna inmensa. No basta con desear, es preciso determinar con disciplina, aunque el mundo se derrumbe sobre ti. Decide luchar por tus sueños, tener una mente saludable y generosa. Piensa continuamente en tener un romance con tu propia historia y jamás abandonarte a ti mismo, aunque todo salga mal. Determina aprender todos los días a agradecer más y reclamar menos, a abrazar más y juzgar menos, a elogiar más y condenar menos.

La técnica del DCD debe realizarse decenas de veces al día con mucha emoción, empuje y voluntad de reorganizar y reescribir la propia historia, como si fuera un grito de libertad de alguien que deja de ser espectador pasivo, entra en el teatro de la mente humana y proclama: "¡Yo escribiré el guion de mi historia!". Esa técnica puede reeditar las ventanas killer y ser, incluso, un excelente complemento de la psiquiatría y de la psicología clínica, pues se pone en práctica en el ambiente más importante: fuera de los consultorios.

Una persona que padece fobias o trastorno del pánico debe hacer uso de la técnica DCD con la misma frecuencia con la que respira, utilizando su propia cultura y capacidad intelectual, como alguien desesperado en busca de libertad. He aquí algunos ejemplos de las actitudes y pensamientos que el Yo debe construir si tiene fobia social o miedo de hablar en público: "¡Dudo de que no seré libre para discutir o dar un discurso en público! ¡Dudo de que no superaré la cárcel del miedo y no hablaré con seguridad! ¡Dudo de que no seré autor de mi historia!".

Abre el abanico de tu mente y critica cómo, cuándo y por qué entraste en esa trampa o mazmorra emocional. Critica tu pasividad y debilidad. Por ejemplo: "¡Yo critico a mi Yo frágil! ¡Critico mis ideas angustiantes! ¡Critico el poder de la ansiedad ante el público! ¡Critico mi sentimiento de incapacidad! ¡No importa si no aprecian lo que digo, seré fiel a mi conciencia!". Todos esos ejemplos son sólo ideas de la forma en que el Yo debe dejar de ser espectador pasivo en el teatro de la mente, entrar en el escenario y convertirse en el actor principal de su propia libertad, por medio del arte de la crítica.

A continuación, determina superar la cárcel mental impuesta por el miedo. Por ejemplo: "¡Determino debatir mis ideas con libertad y espontaneidad! Determino escribir los capítulos más importantes de mi existencia en los momentos más tensos de mi historia. ¡Determino ser líder de mi voluntad y transformarme en un ser humano libre del miedo, de la humillación, de la burla! ¡Determino ser un profesionista más competente, capaz de encantar a los demás! ¡Determino diariamente sorprender a las personas que amo y con quienes trabajo!".

La técnica DCD debe hacerse tanto cuando la ventana fóbica está abierta, es decir, en el foco de tensión, como fuera de él, en el día a día. Debe ser puesta en práctica con la misma emoción con la que un abogado defensor protege a su cliente de ser condenado y encarcelado. Pero no te olvides de que determinar ser libre sólo tendrá efecto si primero te entrenas en el arte de la duda y de la crítica. En caso contrario, el arte de determinar se volverá una técnica de motivación superficial que no soportará el calor de los problemas del día siguiente.

Esa técnica, reitero, debe realizarse varias veces por día durante toda la vida. Debe hacerse con la misma constancia con que se realiza la higiene bucal y corporal diaria, y convertirse en una verdadera higiene mental, el mejor recurso para reeditar las ventanas de la memoria y consolidar al Yo como gestor psíquico en los focos de tensión. No basta con desear ser libre, es necesario construir la libertad.

La falta de gestión de los pensamientos puede producir depresión, ansiedad y estrés. La esclavitud fue abolida, la carga de trabajo disminuyó, los derechos humanos se han garantizado. Debido a todas esas conquistas —sumadas a la comodidad proporcionada por la tecnología, desde los vehículos hasta los teléfonos—, se esperaría que en el siglo XXI tendríamos la generación más feliz y libre de la historia.

> *No basta con desear ser libre,*
> *es necesario construir la libertad.*

Pero nos engañamos. Siempre debemos recordar que nunca tuvimos tantos esclavos en sociedades libres. La educación nos enseñó a gestionar máquinas, vehículos, industrias, casas, profesiones, pero no los pensamientos.

Millones de personas están sufriendo en este momento preciso, porque no saben que su Yo puede y debe salir de entre el público y volverse líder de sí mismo. Tampoco saben que poseen tres actores coadyuvantes en el teatro de su mente, que pueden generar la mayor fuente de placer o de terror de su personalidad.

3
Tercera herramienta de la inteligencia socioemocional: administrar y proteger la emoción

Proteger y administrar la emoción es:

1. Someter la emoción a la gestión del Yo.
2. Ser libre para sentir, pero no ser prisionero de los sentimientos.
3. Usar habilidades para filtrar estímulos estresantes.
4. Gestionar los focos de ansiedad.
5. Crear un golpe de lucidez ante los miedos, angustias, ansiedad, tristeza, agresividad, impulsividad, dependencia.
6. Desarrollar solidaridad, altruismo, tolerancia y capacidad de ponerse en el lugar de los demás.
7. Preservar la juventud en el único lugar donde no es admisible envejecer: el territorio de la emoción.
8. Superar la cárcel de la emoción para ser libre en el único lugar donde no es admisible ser un prisionero.

GIGANTES FUERA DE SÍ MISMOS, FRÁGILES DENTRO DE SÍ MISMOS

Muchos gobiernan países pero las emociones enfermizas los controlan. ¿Tú lo eres? ¿Quién es especialista en proteger su propia emoción? Muchos dirigen empresas, pero están encadenados por los sentimientos angustiosos, fóbicos, ansiosos. Sufren por pequeños problemas y, lo que es peor, por cosas que nunca sucederán. ¿Tú sufres por anticipación, haces el velorio antes de tiempo?

¿En realidad cuidamos con seriedad nuestra salud mental como cuidamos otras cosas? Rara vez. Hasta los médicos y profesionales de la salud mental, que son responsables por cuidar de la salud de los demás, tienen dificultades para cuidar su propia calidad de vida. Muchos se exigen demasiado a sí mismos, trabajan en exceso, no filtran los estímulos estresantes, no administran su tiempo ni su ansiedad. Los dependientes a las drogas, en especial, con frecuencia se vuelven los mayores verdugos de su propia calidad de vida.

Observa tu experiencia de vida. ¿Qué has hecho para ser una persona más estable, tranquila y segura? ¿Qué has hecho para superar tu impulsividad, ansiedad e irritabilidad? ¡Sé sincero! ¿Cuánto tiempo te has dedicado a vivir la vida como una apasionante aventura?

Para algunos, la vida se volvió un asunto rutinario, una fuente de aburrimiento. Despiertan, comen, trabajan, siempre de la misma forma.

La emoción puede dar origen a la más rica libertad o a la más drástica prisión: la cárcel de la emoción. Muchos habitan en esa cárcel. Aunque deba ser administrada, es imposible dominar por completo la emoción.

Si deseas ser una persona rígidamente equilibrada, renuncia a ello, no lo conseguirás. La emoción se transforma en un proceso continuo. La alegría se alterna con la ansiedad, que se alterna con la tranquilidad, que se alterna con la aprensión. Sin embargo, las fluctuaciones bruscas revelan problemas. Quien está tranquilo en un momento y explosivo en el otro no tiene una emoción saludable.

Es más difícil gobernar la emoción que los pensamientos. Aquélla es ilógica. Y por eso es tan bella. Una madre nunca renuncia a un hijo, por más que la decepcione. Un maestro puede invertir en un alumno rebelde y negligente y soñar que un día brillará. Al ser ilógica, la emoción trae ganancias enormes, pero también grandes problemas. Una ofensa puede arruinar la semana. Una crítica puede generar noches de insomnio. Una pérdida puede destruir una vida. Un fracaso puede dar origen a un gran trauma.

Quien quiera ver días felices y tener una mente saludable debe aprender a gestionar la emoción. Pero millones de escuelas en el mundo descuidaron esa herramienta fundamental. No es por casualidad que haya muchos miserables que habitan en palacios y muchos millonarios que viven en casuchas. Tampoco es por casualidad que haya muchos intelectuales con un bajo umbral para soportar las frustraciones, contrariedades, pérdidas, crisis. Carecen de resiliencia.

*Quien quiera ver días felices y tener una mente
saludable debe aprender a gestionar la emoción.*

Brillantes estudiosos de la psicología, como Freud, Jung,
Rogers, Skinner, Viktor Frankl, Erich Fromm e Howard
Gardner generaron mucho conocimiento, pero no tuvieron
la oportunidad de estudiar intensamente el rescate del liderazgo del Yo, los papeles de la memoria, la estrecha relación del proceso de construcción de pensamientos con el
proceso de transformación de la emoción. Sin embargo, la
teoría de la inteligencia multifocal ahondó en esos temas,
abriendo nuevas perspectivas y trayendo a la luz nuevos
conocimientos.

Como el tema es extenso y complejo, abordaré sólo los
conocimientos que pueden aplicarse. El Yo actúa en la construcción de la emoción no solamente a través de su producción de pensamientos, sino también mediante una serie de
fenómenos inconscientes, como el autoflujo, el gatillo de la
memoria y las ventanas de la memoria.

No es sencillo pilotear la aeronave mental, pues hay una
serie de copilotos que pueden comandarla en lugar del Yo,
por lo menos por algunos segundos o minutos, llevándolo
a levantar el vuelo cuando no lo desea, a seguir trayectorias
que no trazó y aterrizar donde no lo programó. ¿Cuántas veces sentimos lo que no queremos sentir o nos inquietamos
por angustias y miedos infundados? ¿Cuántas veces el Yo
bloquea la capacidad de dar respuestas a nuestra rebeldía?
Por lo tanto, la construcción de la emoción es multifocal y

no depende sólo del Yo, lo que convierte a la mente humana en algo más complejo de lo que la ciencia jamás imaginó.

Además de los fenómenos inconscientes que leen la memoria y producen cadenas de pensamientos y emociones sin la autorización del Yo, existe una serie de variables que influyen en la construcción de la emoción. Por ejemplo, dónde estoy (el ambiente social en el que me encuentro, si en una habitación o en un lugar público) y cómo estoy (mi nivel de motivación, deseo, intenciones subliminales) son dos variables que pueden tener una gran influencia en la gestión del Yo sobre la emoción.

A pesar de la construcción multifocal de la emoción y su dificultad de gestión, aquí no puede haber dos amos: o gestionas y proteges, aunque parcialmente, el territorio de la emoción, o éste te dominará. En el pasado, aun sin ningún conocimiento de psicología, las personas saludables dominaban la emoción por la capacidad intuitiva de contemplar lo bello, enfrentar el dolor y convertir las pérdidas en lecciones de vida. Hoy, la sociedad es tan estresante y competitiva que si no desarrollamos la habilidad para administrar la emoción, es enorme el riesgo de que nuestra calidad de vida sea deplorable. No corras ese riesgo.

Hubo reyes que dominaron el mundo, pero no así su emoción. Ha habido generales que vencieron en batallas, pero perdieron guerras en el territorio de su mente. Fueron prisioneros de la ira, del odio, del orgullo, de la angustia.

Si no administras tu emoción, serás un barco sin timón, dirigido por elogios, aceptaciones, críticas, frustraciones. Si los vientos sociales son buenos, tendrás más probabilidades de llegar a tu destino. Si enfrentas tempestades, podrás naufragar. ¿En qué situaciones eres esclavo de tu emoción?

El modelo educativo de las sociedades modernas ha fallado, pues desconoce esa herramienta fundamental de la calidad de vida. Durante años se enseña a los jóvenes a resolver problemas de matemáticas, pero no aprenden a lidiar con las matemáticas de la emoción, en donde dividir es aumentar y perder puede significar ganar. Se les enseña a enfrentar los exámenes escolares, pero no las pruebas existenciales: las frustraciones, los rechazos, las angustias, las dificultades. Se les enseña a conocer las entrañas de los átomos, pero no a conocer su propio Yo como gestor mental. Conocen el mundo en el que están, pero no el mundo que son.

Si no administras tu emoción, serás un barco sin timón, dirigido por elogios, aceptaciones, críticas, frustraciones. Si los vientos sociales son buenos, tendrás más probabilidades de llegar a tu destino. Si enfrentas tempestades, podrás naufragar.

Deberíamos haber aprendido desde la infancia que es nuestro deber y prerrogativa administrar la emoción y filtrar los estímulos estresantes para contemplar lo bello, liberar la creatividad, fomentar la generosidad, erradicar el miedo, disipar la inseguridad, controlar el instinto de agresividad. Muchos son marionetas del mal humor y del estrés.

Administrar la emoción es nuestro gran derecho. Derecho a tener una mente libre, feliz, saludable, de navegar con seguridad en las turbulentas aguas de las relaciones sociales. ¿Tú ejerces ese derecho? Muchos buscan el derecho a expresarse, ganar dinero, tener estatus social, lo que está bien, pero no buscan el derecho a ser gestores de su propia mente, lo que sería excelente. ¡Buscan lo trivial, pero se equivocan en lo esencial! ¿Y tú?

¿Cómo surgen las emociones y cómo administrarlas?

Las emociones surgen de las cadenas de pensamientos producidas por el proceso de lectura de la memoria, realizado en milésimas de segundo, y en el que intervienen múltiples fenómenos, incluido el Yo. Por lo tanto, con excepción de las emociones que son generadas por el metabolismo cerebral y las drogas psicotrópicas, como los tranquilizantes y los antidepresivos, el resto de las experiencias emocionales es resultado de la lectura de la memoria y de la producción de pensamientos conscientes e inconscientes.

Cada vez que tienes un sentimiento, antes produjiste un pensamiento, aunque no lo hayas percibido. Algunos despiertan malhumorados o deprimidos porque, antes de que despertaran, el fenómeno del autoflujo leyó ventanas tensionales de la memoria y elaboró ambientes, personajes y circunstancias de alta complejidad en los sueños. Todo eso excitó la emoción, generando angustia y ansiedad.

La tristeza del anochecer sigue el mismo proceso, sólo que esta vez se acciona el fenómeno del gatillo de la memoria. Al anochecer, la disminución del ritmo de actividades sociales lleva a la introspección, activa el gatillo de la memoria y abre las ventanas de la memoria que contienen soledad y originan cadenas de pensamientos que desconfiguran un buen ánimo.

El proceso de construcción de pensamientos y emociones es vertiginoso, no somos conscientes de él. Las ventanas se leen de manera multifocal y producen pensamientos que, a su vez, transforman el paisaje de las emociones. El sonido de una canción puede abrir una ventana de la memoria y generar pensamientos que registraron dulces experiencias. Recuerdo un episodio en una clínica en París, Francia, donde trabajé. Una joven adicta a la heroína, al ver la foto de un poco de polvo en una revista —que ni siquiera era droga— detonó el gatillo, abrió una ventana killer y se puso ansiosa, afligida, perturbada.

Si el Yo no toma las riendas de la mente en ese momento exacto, si no asesta un golpe de lucidez a la mente humana, si no confronta y "da la vuelta" a la ansiedad y la depresión, será una víctima, un esclavo de la emoción, no su gestor. Gran parte de los más grandes errores humanos ocurre en el primer minuto de la tensión.

El grave problema del proceso de lectura de la memoria, la construcción de pensamientos y la transformación de la energía emocional es que el Yo, que representa la capacidad de elección, sólo toma consciencia de sí mismo en una etapa posterior, segundos después de que el proceso se ha desencadenado. Eso puede apresar su liderazgo. Por eso, el Yo debe actuar rápidamente.

Al ver una película de terror, tú (tu Yo) puede desear que no sentirá miedo, pues sabe que detrás de las escenas hay cámaras, un director, asistentes de producción, iluminadores. Sin embargo, cuando la puerta comienza a rechinar, el gatillo de la memoria abre una ventana que contiene tus miedos del pasado. Eso produce pensamientos inconscientes que transforman la energía emocional. Todo esto ocurre en fracciones de segundo.

Tú determinaste que no querías sentir miedo, pero éste surgió en el teatro de tu mente antes de que pudieras dominarlo. Utilizando la metáfora del teatro, el mayor desafío del Yo es controlar, disipar y administrar el miedo y la ansiedad después de que surjan. En cualquier experiencia, los primeros pensamientos y emociones aparecen antes que la consciencia del Yo. Por lo tanto, el Yo debe salir de entre el público, entrar en el escenario y dirigir la obra de los pensamientos y emociones. ¿Tú te quedas sentado en la butaca o entras en el escenario, haces un escándalo y proclamas: "¡Quien dirige esta obra soy yo!"?

Podemos evitar que la obra comience si reeditamos la película del inconsciente o construimos ventanas paralelas. Trataremos ese tema en capítulos posteriores.

¿No te parece increíble que nuestra especie siempre haya hecho guerras, cometido violencias, asesinatos, actos de suicidio? ¿Por qué somos tan estúpidos si la vida es tan bella y tan breve? Uno de los principales motivos son las escuelas, en todo el mundo, que no enseñan las herramientas para que el Yo sea un gestor psíquico. Otra gran causa es la inimaginable complejidad de nuestra mente: cientos de obras "teatrales" (esto es, experiencias) se escenifican a diario en el escenario de nuestra mente sin la autorización del Yo. Y, además de todo eso, aprendemos a ser tímidos en el lugar en el que deberíamos gritar.

Hay compañeros de trabajo, parejas, padres, hijos que, ante pequeñas frustraciones, abren algunas ventanas de tensión y dan lugar a un pequeño conflicto. Enseguida abren otras ventanas killer más graves, que rescatan una serie de fantasmas del pasado, disparan a diestra y siniestra acusaciones y no interrumpen la obra de terror por varias horas al hilo. La relación se convierte en un infierno.

Están los que sufren una injusticia en el trabajo y se quedan rumiando angustiados ese acontecimiento. Están los tímidos que se martirizan semanas antes de que tengan que acudir a una reunión social. Esas personas maravillosas se quedan observando la obra de terror en su propia mente sin hacer nada. No saben que el Yo no está obligado a vivir esos pensamientos y emociones. No saben que pueden dirigir el libreto de su propia historia.

Para administrar la emoción, debemos dudar en cuestión de segundos de nuestros pensamientos perturbadores, dudar del contenido enfermizo de las emociones. Debemos cuestionar los motivos de nuestra reacción, criticar nuestra ansiedad, exigir ser libres en ese momento. Debemos utilizar la herramienta del silencio, a fin de interiorizarnos y rescatar el liderazgo del Yo.

Si el Yo no duda y critica las obras teatrales enfermizas que se escenifican en la mente, siempre será víctima de sus propios trastornos emocionales. Veamos algunos de ellos:

Ansiedad y síntomas psicosomáticos

La ansiedad es un estado mental en el que ocurre una generación excesiva de pensamientos y emociones tensas. Los síntomas básicos son irritabilidad, intolerancia, insatisfacción, inestabilidad, inquietud, trastornos del sueño y, en ocasiones, síntomas psicosomáticos, como dolor de cabeza, gastritis, mareos, nudo en la garganta, hipertensión arterial, caída del cabello, dolor muscular.

Los síntomas psicosomáticos surgen cuando la ansiedad no se ha resuelto. Se transmite a la corteza cerebral y buscará algún órgano de choque. En el corazón produce taquicardia; en la piel, prurito (es decir, picazón); en los pulmones, falta de aire. Algunas personas desarrollan esos síntomas más fácilmente que otras. ¿Tú padeces síntomas psicosomáticos? Piensa en eso.

> *La ansiedad es un estado mental en el que ocurre una generación excesiva de pensamientos y emociones tensas.*

Hoy sabemos que los trastornos ansiosos pueden desencadenar una serie de enfermedades físicas, desde el infarto hasta ciertos tipos de cáncer. Nuestra mente puede volverse un oasis para nuestra vida o una bomba para nuestro cuerpo. Por increíble que parezca, de acuerdo con algunas estadísticas, más de cien millones de personas desarrollarán algún tipo de cáncer en los próximos diez años. Esa explosión del número de tumores no se debe sólo a causas genéticas, al tabaquismo, al alcoholismo, a la mala nutrición, a la contaminación ambiental y a la mayor rapidez en el diagnóstico, sino también al estrés crónico, a una mente intranquila, tensa, hiperpensante, como es el caso de gran parte de la población mundial. Si a ti te preocupa tu calidad de vida, administra la basura que acumulas en tu mente cuando gestiones tus pensamientos y emociones. La decisión es tuya.

Existe una ansiedad vital que es normal, pues nos anima a romper con el conformismo, luchar por nuestros sueños, alimentar nuestra curiosidad. Pero hay otro tipo, que es destructivo, intenso y nos bloquea.

La ansiedad puede manifestarse de varias formas: como fobias (miedo desproporcionado ante un objeto), síndrome del pánico (sensación súbita de una persona de que morirá o se desmayará, aunque su salud biológica esté en excelente estado), trastorno obsesivo-compulsivo o TOC (ideas fijas acompañadas, a veces, de rituales o comportamientos repetitivos), trastorno de ansiedad generalizada o TAG (inquietud e irritabilidad, con frecuencia acompañadas de síntomas psicosomáticos), estrés postraumático (ansiedad que proviene de traumas físicos y psíquicos, tales como pérdida de seres queridos, desempleo, divorcio, accidentes). No podemos olvidarnos también de la ansiedad causada por el síndrome del pensamiento acelerado o SPA (mente inquieta, sufrimiento por anticipación, fluctuación emocional, irritabilidad, dolores de cabeza, dolores musculares, fatiga excesiva, olvidos, etcétera), extremadamente común en los días actuales. ¿Qué tipo de ansiedad puedes tener o haber tenido?

Si una de esas ansiedades te domina en algún momento de la vida, no te desesperes. Puedes reciclarla y superarla. Nada es irreversible en la mente humana. Usa las herramientas, entrénate para administrar tu emoción, reciclar tu estilo de vida, actuar dentro de ti mismo.

Depresión: el último estadio del dolor humano

Existen varios tipos de depresión. Está la depresión mayor (una persona que siempre fue alegre, pero que por diversos motivos, como pérdidas, frustraciones, separación, pensamientos negativos, tiene una crisis depresiva), la depresión distímica (una persona que siempre fue triste y pesimista desde la adolescencia), la depresión reactiva (que resulta de un trauma o una pérdida) y la depresión bipolar (ánimo depresivo, a veces alternado con euforia irracional).

En algunos casos hay una influencia hereditaria que proviene de los padres. Sin embargo, esto no es una condena genética. Si los padres son depresivos, los hijos todavía pueden volverse alegres, sociables y emprendedores si aprenden a gestionar sus pensamientos, a liderar la emoción y a contemplar lo bello. Las herramientas para ser autor de la propia historia pueden contribuir significativamente a la superación de las influencias genéticas.

Muchos pacientes deprimidos son personas extraordinarias, pero carecen de protección emocional. Sufren el dolor ajeno, se entregan excesivamente, son hipersensibles. Una ofensa les provoca un eco intenso. Los síntomas depresivos más importantes son: desánimo, pérdida del placer, disminución de la libido (o del placer sexual), trastornos del sueño (insomnio o exceso de sueño), alteración del apetito, ideas suicidas, fatiga excesiva, ansiedad, aislamiento social. No es necesario que todos los síntomas estén presentes. ¿Tienes algunos de ellos?

Muchos pacientes deprimidos son personas
extraordinarias, pero carecen de protección
emocional. Sufren el dolor ajeno, se entregan
excesivamente, son hipersensibles.
Una ofensa les provoca un eco intenso.

Nunca debemos pensar que la depresión es fingimiento, debilidad o cinismo. Quien así piensa, además de ser injusto, no está preparado para la vida, y probablemente es propenso a desarrollar una depresión grave debido a pérdidas y frustraciones. La depresión no es un estado de tristeza temporal, que dura algunas horas o días. Es una enfermedad que se extiende por lo menos dos o tres semanas, y que debe tratarse no sólo con psicoterapia, sino también acudiendo a un psiquiatra experimentado y con ayuda de antidepresivos.

La depresión lleva a las lágrimas al más fuerte de los seres humanos. Conduce a los generales a debilitarse, a las celebridades a perder su brillo y a los millonarios a besar la lona de la infelicidad. Puede hacer que un presidiario sienta que vive en la peor de todas las mazmorras, la cárcel de la emoción. Arremete contra cualquier clase social. De acuerdo con la OMS (Organización Mundial de la Salud), 20 por ciento de la población mundial —es decir, cerca de 1.5 mil millones de personas— desarrollará un cuadro depresivo a lo largo de su vida. Esta enfermedad representa el último estadio del sufrimiento humano. No hay palabras que expliquen la dimensión del dolor de quien vive con esta enfermedad, y sólo conoce este drama quien ya pasó por eso.

Por desgracia, los trastornos depresivos se han expandido entre la juventud. Los jóvenes en todo el mundo no aprenden a proteger —aunque sea de manera mínima— su emoción. Pasan muchos años en las bancas escolares, desde el prescolar hasta el posgrado, pero no saben cómo filtrar los estímulos estresantes. Por eso es tan importante trabajar activamente para desarrollar la inteligencia socioemocional.

La depresión no es un estado de tristeza temporal, que dure algunas horas o días. Es una enfermedad que se extiende por lo menos dos o tres semanas, y que debe tratarse no sólo con psicoterapia, sino también acudiendo a un

psiquiatra experimentado y con ayuda
de antidepresivos.

Riesgo de suicidio

Algunos consumidores de drogas y alcohol y personas deprimidas, que viven o vivieron grandes pérdidas, traiciones, crisis financieras y sentimientos de culpa asfixiante, piensan en morir. Cerca de diez millones de personas por año intentan suicidarse, una cifra asombrosa. Lamentablemente, un millón lo consigue. Sólo en China, cerca de 300,000 personas se quitan la vida al año. En los países ricos, el índice de suicidio entre los jóvenes es alto.

Todos los psiquiatras, psicólogos, padres, profesores, deben saber que cuando una persona piensa en el suicidio, en realidad no quiere acabar con su existencia, sino con el dolor, sea cual fuere: autoabandono, sentimiento de exclusión, depresión, conflictos internos. En términos filosóficos, todo pensamiento sobre la muerte es una manifestación de la vida, pues representa la mente viva pensando en la muerte, no la muerte pensando en sí misma. Por lo tanto, como les digo a mis alumnos, no existe la idea pura del suicidio, como muchos médicos piensan. No existe consciencia de la inexistencia. Quien piensa en morir, en realidad tiene hambre y sed de vivir.

Todo joven debe saber que, en el fondo, está buscando desesperadamente reciclar su propia angustia, desatar los grilletes de la emoción deprimida y no poner fin a su vida. Tener esa consciencia significa utilizar las herramientas preventivas, que proponemos aquí, para dar un salto en la propia calidad de vida.

En las conferencias que impartí recientemente, tuve buenas noticias en el área de prevención de los suicidios. Cinco personas, de las cuales tres eran jóvenes, vinieron a abrazarme. Estaban llorando, no de desesperación, sino de agradecimiento. Dijeron que pensaban suicidarse, pero el conocimiento y la aplicación de las herramientas que propongo en los libros los llevaron a reciclar sus propias ideas perturbadoras y a proteger su emoción. Dieron un gran salto adelante en su tratamiento.

Cierta vez, una mujer me dijo que, cuando me viera otra vez, se arrodillaría a mis pies. Preocupado, le dije: "De ninguna manera. Yo no soy mejor que usted". Y le pedí que me contara su historia. Entonces me dijo que había intentado suicidarse varias veces, pero leer algunos de mis libros estimuló a su Yo a ser autor de su propia historia, y no un verdugo de sí mismo. Hoy, ella ha superado la depresión y brilla en el teatro social.

Es fundamental que aprendamos a dejar de ser el público, entrar en el escenario, rescatar el liderazgo del Yo y escribir el libreto de nuestra historia, a fin de dar un golpe de lucidez a nuestros pensamientos, emociones y, especialmente, a nuestras falsas creencias. Los mayores saboteadores de una mente saludable somos nosotros mismos. No vale la pena dejar de vivir por nada ni por nadie, incluso si el mundo se derrumba sobre nosotros.

Los mayores saboteadores de una mente
saludable somos nosotros mismos. No vale la
pena dejar de vivir por nada ni por nadie, incluso
si el mundo se derrumba sobre nosotros.

Si tienes parientes o amigos desanimados, deprimidos, cabizbajos o sin coraje para vivir, escúchalos sin criticar. No les des consejos superficiales. Préstales tus oídos y tu corazón emocional. Diles que son fuertes, que tienen una gran hambre y sed de vivir. Anímalos a no tener miedo de buscar tratamiento. Una persona madura no le da la espalda a su propio dolor, sino que lo enfrenta con dignidad.

Debemos encarar con humildad y osadía nuestras pérdidas y decepciones. Recuerda la técnica DCD (dudar, criticar, determinar). Debemos dudar de todo lo que nos controla, criticar diariamente cada pensamiento perturbador, dar un golpe de lucidez a nuestras emociones enfermizas. Grita en el único lugar donde no es admisible ser tímido y estar amordazado: dentro de ti mismo. ¿Eres tímido en el teatro mental o protagonista de tu historia?

La emoción enfermiza ama a las personas pasivas, pero la emoción saludable ama a las personas que la lideran. Si te entrenas para administrar tu emoción, después de algunos meses el resultado será fabuloso. Vivirás con más tranquilidad, formarás plataformas de ventanas light y, poco a poco, tu Yo sentirá más encanto por la existencia. La sensibilidad y la serenidad se incorporarán paulatinamente a tu personalidad.

Lamentablemente, la educación mundial nos lleva a ser pasivos mentales. Millones de personas no fueron educadas para dirigir el libreto de su propia historia. Su Yo permanece mirando como espectador pasivo todas las miserias (culpa, autocastigo, miedo, complejo de inferioridad, odio, angustia) escenificadas en su mente. ¿Tú eres un espectador pasivo, o diriges el libreto de tu historia?

Herramientas esenciales
para gestionar la propia mente

Por todas esas razones, es importante trabajar las siguientes herramientas de manera inteligente, lúdica y agradable:

1. Ser conscientes de que, por buena que sea la relación, tarde o temprano habrá frustraciones

Si queremos tener una vida sin crisis, conflictos y dificultades sociales, lo mejor será vivir en otro planeta. Las parejas inteligentes reconocen los errores y se ofrecen disculpas uno al otro, mientras que los tontos esconden sus propias fallas bajo el tapete, y ostentan sus títulos académicos, su orgullo, su rigidez y el deseo neurótico de tener siempre la razón.

Los padres inteligentes hablan con sus hijos sobre lo esencial (sus sueños, pesadillas, lágrimas y proyectos de vida), mientras que los padres desprovistos de sabiduría se cierran y sólo hablan sobre lo trivial (bienes materiales, televisión, cine, deportes, problemas ajenos). ¿Tú reconoces tus errores? ¿Ofreces disculpas a quien amas? ¿Hablas sobre lo esencial o sólo te relacionas comentando lo trivial?

2. *Dar sin esperar nada a cambio*

Convivir con las personas es una de las tareas más complejas y llenas de aventuras de la vida. Nada produce tantas alegrías, y nada causa tantas angustias. Los animales no nos frustran, pero las personas pueden decepcionarnos muchísimo. Los animales no nos hieren, a no ser físicamente, pero las personas que amamos pueden lastimarnos en las raíces de nuestra emoción.

Los animales no nos empequeñecen, dominan o excluyen, pero las personas en las que apostamos todo lo que tenemos, como nuestras parejas, hijos, alumnos y amigos, pueden invadir nuestra psique y fragmentar nuestro sentido existencial, así como imprimir culpa, angustias, hacer chantajes. Del mismo modo, podemos herir a las personas que más merecen ser abrazadas y amadas. Por eso es importante darse sin miedo y disminuir al máximo la expectativa de retorno.

3. *Entender que detrás de una persona que hiere hay una persona herida*

Nada filtra tanto los estímulos estresantes como desarrollar una tolerancia inteligente. Una persona verdaderamente flexible no es exigente ni justiciera. Entiende que detrás de alguien que nos lastima siempre hay una persona lastimada.

Como no conocemos la última frontera de la ciencia, el proceso de construcción de pensamientos, creemos que las personas planean el mal. Claro, hay psicópatas, dictadores, corruptos, que son expertos en la ingeniería del mal. Pero con frecuencia las personas cercanas a nosotros, cuando nos hieren, lo hacen porque son víctimas de sus propias miserias, están encarceladas en sus ventanas killer. Se equivocan, porque no son libres. Son injustas, porque son injustas consigo mismas en primer lugar. Darles tolerancia puede no ayudarlas mucho, pero filtrar estímulos estresantes resuelve nuestro problema. Así, nuestra emoción deja de ser tierra de nadie. ¿Cómo anda tu emoción?

Cierta vez, durante una conferencia para la Procuraduría General de la República en Brasil, comenté que las peores mazmorras no están fuera de nosotros. Recuerda que quien exige de más a los otros se convierte en un verdugo no sólo de ellos, sino también de sí mismo.

4. Entender que perdonar es atributo de los fuertes, y excluir es atributo de los débiles

Quien perdona con facilidad protege su propia memoria. Pero nunca olvides que perdonar no es un acto heroico o religioso, sino una actitud inteligente de alguien que procura comprender lo que está detrás del comportamiento de los demás, teniendo en cuenta su estupidez, su arrogancia y sus errores.

El Maestro de maestros, en su última cena hace dos mil años, estaba ante alumnos que con frecuencia le provocaban dolores de cabeza. Pero, para asombro de la psicología y la pedagogía, tomó una vasija de agua y una toalla y les lavó los pies. Nunca alguien tan grande se hizo tan pequeño para volver grandes a los pequeños. Él dejó a sus alumnos perplejos, los llevó a interiorizarse y a reinventarse. Usó todas las herramientas aquí expuestas para filtrar los estímulos estresantes. Quien entrena a su Yo con esas técnicas juzga menos y abraza más, excluye menos y lo apuesta todo en aquellos que poco tienen. ¿Y tú? ¿Qué haces con las personas que te decepcionan o te traicionan?

5. *Reciclar la rigidez*

El Yo radical parece fuerte por fuera, pero por dentro es un niño que prepara una sepultura para su salud emocional y su placer de vivir. Tener la mente libre y una emoción saludable no es privilegio de intelectuales, psiquiatras, psicólogos, líderes espirituales. Personas de todas las edades y culturas pueden poner en práctica esas herramientas y entrenar para vivir suave y serenamente, como seres humanos que contemplan lo bello y hacen mucho de poco; profesionales que superan la necesidad neurótica de ser perfectos, de tener presencia social y de preocuparse en exceso por lo que los demás piensan y hablan de ellas.

En fin, una mente libre y una emoción saludable pertenecen a las personas que siembran las más bellas ventanas light en su memoria y en la corteza cerebral de quien aman. ¿Tú cuidas el paisaje de tu memoria? La gran mayoría de las personas apenas pisa la superficie del planeta Tierra y del planeta psíquico —y no habita en ellos—. Esas personas viven en automático.

*Tener la mente libre y una emoción saludable
no es privilegio de intelectuales, psiquiatras,
psicólogos, líderes espirituales. Personas de
todas las edades y culturas pueden poner en
práctica esas herramientas y entrenar
para vivir suave y serenamente.*

6. Pensar antes de reaccionar

Estamos enviciados en reaccionar cuando alguien nos contradice. El fenómeno acción-reacción es excelente para la física, pero pésimo para las relaciones humanas. Quien es impulsivo o reacciona sin pensar, además de que no protege su propia emoción, hará de su memoria un bote de basura social y destruirá sus mejores relaciones.

7. Conquistar primero el territorio de la emoción, para después conquistar el de la razón: sorprender positivamente antes de criticar

La mejor manera de ayudar a alguien que nos frustró no es señalar la falla, pues tal actitud invade la privacidad y expande la ventana killer. La mejor actitud es sorprender, elogiar, mostrar sus valores y, en un segundo momento, señalar las fallas. Ésa es una herramienta sencillamente espectacular e inteligente, que hace que las personas a las que vamos a corregir se desarmen, salgan de la ventana traumática y rompan el síndrome del circuito cerrado de la memoria. Quien destruye la cárcel del fenómeno golpe-contragolpe y sorprende a las personas que lo frustraron, se convierte en un conquistador. ¿Tú eres un padre, una madre, un hijo, un alumno, un educador conquistador? ¿Marcas las historias de tus personas queridas encantándolas, sembrando ventanas light?

Recuerda que, en los primeros treinta segundos de tensión, podemos cometer los errores más grandes de nuestras vidas y decir palabras que jamás deberían estar dirigidas a quien amamos. En los momentos de conflicto, practica la oración de los sabios: el silencio. No uses atajos mentales, no agredas, no eleves tu tono de voz, no castigues ni des sermones.

LA HISTORIA DE UNA MUJER QUE SE QUEBRÓ EMOCIONALMENTE

Cierta vez, una mujer de cuarenta y cinco años que nunca había consumido drogas tuvo una decepción enorme con su marido, que era profesor universitario. Él la traicionó y la abandonó. Una amiga le ofreció crack y ella aceptó en ese momento de fragilidad, pensando que se trataría sólo de una experiencia temporal. Después de usarlo una vez, no tuvo resistencia para rehusarse a una segunda, una tercera, una cuarta. A fin de cuentas, se sentía frustrada y deprimida. En esa época cursaba la carrera de derecho. Por desgracia, ella, que había sido traicionada por el marido, y al no haber aprendido a proteger su propia emoción, cometió la mayor traición que un ser humano puede hacer contra sí mismo y se autoabandonó.

Comenzó a vivir en función de las piedras de crack. Al principio usaba una piedra por día, después dos, hasta que llegó a usar diez. El rápido efecto de la droga, segundos después de consumida, producía una especie de orgasmo mental que la enviciaba, la aprisionaba y la transformaba en una zombi. Perdió por completo su libertad y su autoestima. Dejó de tener una historia de amor consigo misma.

Ya no podía vivir sin drogarse. Cuando pensaba en la droga o estaba ansiosa, deprimida o solitaria, detonaba el gatillo de la memoria, abría las ventanas killer doble P y, a partir de ahí, ya no veía nada, no pensaba en las consecuencias de su comportamiento, buscaba compulsivamente una nueva piedra.

Pasó el tiempo, y sus finanzas se desfondaron. Dejó de estudiar y de tener una relación razonable con las personas. Ya nadie le daba crédito. Sin dinero y completamente dependiente de la droga, comenzó a prostituirse para poder drogarse. Esta historia real y triste indica que, en cualquier época, si el Yo no aprende a gestionar pensamientos y emociones y a filtrar los estímulos estresantes puede caer en la mazmorra de las drogas y del alcohol; en vez de convertirse en autor, se vuelve una víctima de su propia historia.

4
Cuarta herramienta de la inteligencia socioemocional: trabajar los papeles de la memoria y reeditar la película del inconsciente

Trabajar los papeles de la memoria significa:

1. Comprender la compleja actuación del fenómeno RAM (registro automático de la memoria: el archivo de las experiencias).

2. Comprender la formación de las ventanas de la memoria como territorio de lectura en un determinado momento existencial.

3. Comprender la formación de ventanas light, killer y neutras.

4. Comprender la formación de los traumas y de las zonas de conflictos en la memoria.

5. Comprender el papel de la emoción en el proceso de apertura de las ventanas de la memoria, en la construcción de las cadenas de pensamientos y en la actuación del Yo como autor de la propia historia.

6. Usar herramientas para reeditar la película del inconsciente.

7. Usar herramientas para proteger la memoria y filtrar los estímulos estresantes.

8. Cuidar la memoria como un jardín de ventanas light, y no como un depósito de "basura" de experiencias asfixiantes.

Nuestros errores históricos respecto a la memoria parecen cosa de ficción. Hace milenios atribuimos a la memoria funciones que no posee. Hay graves errores de comprensión de la memoria, tanto en la psicología como en la educación. La ciencia todavía no ha desvelado por completo los principales papeles de la memoria. Por eso, la teoría de la inteligencia multifocal ha contribuido humildemente a corregir algunas importantes distorsiones en esa área fundamental.

Millones de maestros en todo el mundo están usando la memoria en forma inadecuada. ¿El registro de la memoria depende de la voluntad humana? Muchos científicos piensan que sí, pero están equivocados. El registro es automático e involuntario. ¿La memoria humana puede ser borrada, como la de las computadoras? Millones de usuarios de esas máquinas creen que sí. Pero eso es imposible.

El sueño del equipo de la Escuela de la Inteligencia es que todos los alumnos, así como los padres y maestros, comprendan el funcionamiento básico de la mente y los papeles vitales de la memoria para encontrar herramientas que puedan expandir su inteligencia, enriquecer nuestras relaciones y reconstruir la educación.

EL REGISTRO EN LA MEMORIA ES INVOLUNTARIO

Cierta vez, un maestro fue ofendido por un alumno. Sintió que había sido tratado inhumana e injustamente. Quería excluir al estudiante de su vida. Hizo un esfuerzo enorme. Pero, cuanto más intentaba olvidarlo, más pensaba en él. Al verlo, sentía rabia. ¿Por qué no lograba olvidarlo? Porque el registro es automático, no depende de la voluntad humana.

En las computadoras, el registro depende de un comando del usuario. En el ser humano, el registro es involuntario, realizado por el fenómeno RAM (registro automático de la memoria).

Cada idea, pensamiento, reacción ansiosa, momento de soledad o periodo de inseguridad queda registrado en tu memoria y pasa a formar parte de la colcha de retazos de tu historia existencial, de la película de tu vida. Diariamente siembras flores o acumulas basura en el territorio de tu memoria. ¿Has sembrado flores en el secreto de tu ser, o acumulado escombros?

Por desgracia, debido a que desconocemos los papeles de la memoria, no sabemos trabajar el más complejo territorio de nuestra personalidad. Nos volvemos pésimos agricultores de nuestra mente.

Cada idea, pensamiento, reacción ansiosa,
momento de soledad o periodo de inseguridad
queda registrado en tu memoria y pasa
a formar parte de la colcha de retazos
de tu historia existencial, de la película
de tu vida.

Cuanto más tratamos de actuar contra una ofensa, una pérdida, algún rechazo social, una falla o personas que no nos caen bien, el RAM registra más esos sentimientos como ventanas killer, son más leídos por el gatillo de la memoria, por el autoflujo y por el Yo; construyen miles de pensamientos e imágenes mentales más angustiantes y son registrados aún más por el fenómeno RAM, cerrando así el círculo de la mazmorra psíquica, desertificando los nobles jardines de la personalidad.

La mejor manera de filtrar los estímulos estresantes para cuidar el territorio de la memoria no es por medio de la aversión, fobia, odio, rechazo o reclamación. Debemos usar las técnicas, que ya hablé sintéticamente en este libro, recordarlas y practicarlas durante toda la vida.

La emoción determina la calidad del registro. Cuanto mayor sea el volumen emocional involucrado en una experiencia, se privilegiará más al registro y tendrá más probabilidades de ser leído. Tú registras millones de experiencias por año, pero con frecuencia rescatas las que tienen un mayor contenido emocional, como las que involucran pérdidas, alegrías, elogios, miedos y frustraciones.

¿Dónde se registran las experiencias? En primer lugar, en la MUC (memoria de uso continuo), que se utiliza en las actividades diarias y es consciente. Las experiencias con alto volumen tensional se registran como ventanas killer doble P en el centro consciente (MUC) y a partir de ahí serán leídas continuamente y archivadas de nuevo, por eso el nombre de doble P o doble poder: poder de aprisionar al Yo y de expandirse. Con el paso del tiempo, a medida que no se utilizan con frecuencia, se trasladan a la parte periférica de la memoria, contaminando la llamada ME (memoria existencial, o inconsciente). Como ya dijimos, la MUC representa el centro de la Ciudad de la Memoria, y la ME, los barrios periféricos.

Es muy común que ocurran recaídas durante un tratamiento psiquiátrico o psicoterapéutico de un paciente que sufre de fobia, trastorno obsesivo, síndrome del pánico, depresión o adicción a las drogas. Por más experto que sea el profesional de salud mental y por más motivado que esté el paciente, las recaídas suceden porque no todas las ventanas se reeditan con facilidad durante el tratamiento. Es posible que algunas ventanas traumáticas, o killer, todavía queden intactas y aparezcan en un determinado foco de tensión, saliendo del subterráneo del inconsciente y conquistando el escenario consciente. Pero el paciente jamás debe considerar una recaída como la razón para castigarse o creerse impotente. Es importante animarlo a seguir reeditando sus ventanas traumáticas. Ponerse en la posición de víctima es autodestruirse.

Incluso puede recaer una persona dependiente de las drogas que se internó durante meses e hizo un tratamiento adecuado; en realidad, eso no es inusual. Ese proceso ocurre porque el volumen de tensión de las ventanas killer doble P no reeditadas, que contienen los efectos psicotrópicos de la droga, puede producir el síndrome del circuito cerrado de la memoria (CiFe). El volumen de ansiedad de esas ventanas es tan grande que bloquea el acceso a miles de otras ventanas que contienen millones de informaciones.

El Yo se convierte en esclavo del síndrome CiFe, lo que le impide tomar decisiones, hacer elecciones y autodeterminarse una vez que el proceso se ha instalado. Pero, aun así, el Yo puede y debe aprender a rescatar su capacidad de liderazgo y reeditar esas ventanas enfermizas. ¿Cómo? Aprendiendo a gestionar sus pensamientos, proteger la emoción y aplicar la técnica DCD y muchas otras que estamos proponiendo. ¿El objetivo? Ejercer su pleno papel como autor de su propia historia.

Veamos algunos ejemplos de la danza de las ventanas entre la memoria de uso continuo y la memoria existencial. Alguien acaba de elogiarte. Tú registras ese hecho en la MUC y lees varias veces ese elogio. Al día siguiente, ya no lo leerás tanto. A la semana siguiente, es probable que ya no lo leas en absoluto. Sin embargo, ese elogio no se borró; viajó a la ME (el ámbito inconsciente de la memoria). Desde ahí continuará influyendo en tu personalidad, pero con menor intensidad.

Perdiste el hilo en medio de una conferencia. No pudiste decir lo que querías, estabas nervioso. Las personas se dieron cuenta de tu inseguridad. Tú registraste esa experiencia en la MUC. Si pudiste filtrarla, por medio de la crítica y de la comprensión, entonces se asentó sin gran intensidad. Si no lograste proteger tu emoción, se archivó intensamente. En ese caso, será leída con frecuencia y producirá miles de pensamientos angustiantes, que quedarán registrados, generando una zona de conflicto, un trauma. Así, la experiencia no irá a la ME, sino que quedará archivada en la MUC como ventana enfermiza. Por eso es esencial trabajar los papeles de la memoria para no formar zonas de conflicto.

La emoción determina no sólo la calidad del registro de las experiencias, sino también el grado de apertura de la memoria. Las emociones tensas pueden cerrar el área de lectura de la memoria (la ventana), haciéndonos reaccionar sin inteligencia, por instinto.

En ciertos momentos entramos en ventanas bellísimas y creamos pensamientos que cultivan bellas emociones; en otros, entramos en ventanas enfermizas que promueven tormentos, angustias y desolación.

¿Te das cuenta de que a veces somos incoherentes ante los pequeños problemas y lúcidos ante los grandes? Nuestros cambios intelectuales no están promovidos por el tamaño de los problemas externos, sino por la apertura o cierre de las áreas de lectura de la memoria.

Problemas pequeños, tales como una mirada de desprecio o la imagen de una cucaracha, pueden generar una crisis de ansiedad, la cual cierra las áreas nobles de la memoria y obstruye la inteligencia. En algunos casos, el volumen de ansiedad o sufrimiento puede ser tan grande que reaccionas sin ninguna lucidez. Es preciso que actúes cada vez que tengas una experiencia que genere una alta carga emocional ansiosa.

Cierta ocasión presencié una pelea física entre un padre y un hijo adolescente por un problema nimio. El motivo externo era pequeño, pero accionaba las imágenes monstruosas que uno tenía del otro y que producían grave intolerancia y crisis de ansiedad.

Nunca olvides que debes ser autor de tu propia historia. Gestiona tus pensamientos, administra tu emoción, duda de tu incapacidad, cuestiona tu debilidad, contempla las cosas desde múltiples ángulos. Si no se protege la memoria, no hay cómo tener calidad de vida.

Una crítica mal trabajada puede romper una amistad. Una discriminación sufrida puede encarcelar una vida. Una decepción afectiva puede generar una intensa inseguridad. Una falla en público puede dar origen a un bloqueo intelectual. Incluso las bromas, en donde ciertos alumnos son llamados por apodos peyorativos, pueden causar grandes conflictos.

Nunca olvides que debes ser autor de tu propia historia. Gestiona tus pensamientos, administra tu emoción, duda de tu incapacidad, cuestiona tu debilidad, contempla las cosas desde múltiples ángulos.

La memoria no puede borrarse

En las computadoras, la tarea más simple es borrar o eliminar la información. En el ser humano, eso es imposible, a no ser a consecuencia de lesiones cerebrales, como un tumor, un traumatismo craneoencefálico o alguna forma de degeneración celular.

Tú puedes intentar con todas tus fuerzas borrar tus conflictos, puedes intentar con toda tu habilidad eliminar de tu mente a las personas que te lastimaron, los momentos más difíciles de tu vida, pero no tendrás éxito.

Hay dos maneras de resolver nuestros conflictos, traumas y trastornos mentales:

1. Reeditar la película del inconsciente.
2. Construir ventanas paralelas a las ventanas enfermizas de la memoria.

Para reeditar la película del inconsciente debemos reeditar los archivos de la memoria, registrando nuevas experiencias sobre las experiencias negativas en los archivos donde están almacenadas.

Cuando aplicamos la técnica DCD en el momento en que estamos en un foco de tensión, producimos nuevas experiencias que se registran en el sitio donde las experiencias enfermizas estaban almacenadas.

Si una persona impulsiva —que agrede a sus seres cercanos por cualquier cosa, duda continuamente del pensamiento de que no puede superar la impulsividad, critica la agresividad, comprende que hiere mucho a quien ama y determina constantemente ser tolerante— después de tres meses de entrenamiento y aplicación diaria de la técnica DCD reeditará la película del inconsciente.

Dicha persona será más calmada, dócil, apacible. Podrá todavía tener reacciones impulsivas, pero con menor frecuencia e intensidad. Uno de los papeles más inteligentes del Yo como autor de su propia historia es reescribir su pasado, reeditar la película del inconsciente. No es fácil cambiar, reorganizar o transformar la personalidad, pero es posible. Sólo depende de entrenamiento, perseverancia, metas claras y reeducación.

Uno de los papeles más inteligentes del Yo como autor de su propia historia es reescribir su pasado, reeditar la película del inconsciente. No es fácil cambiar, reorganizar o transformar la personalidad, pero es posible.

EL CENTRO Y LA PERIFERIA DE LA MEMORIA

Como ya vimos, usando la metáfora de la ciudad para entender la memoria humana, podemos decir que la memoria existencial, o inconsciente, representaría los innumerables barrios que componen la ciudad, mientras que la memoria de uso continuo sería nuestro centro de circulación.

Todos los días accedemos a la información de la MUC para dar respuestas sociales, cumplir tareas profesionales, establecer la comunicación, determinar nuestra ubicación espacio-temporal y realizar operaciones matemáticas comunes. Para asimilar las palabras de este libro, estás usando gran parte de la información de la MUC. Los elementos de la lengua están en el centro de la memoria. Si sabes otro idioma, pero hace años o décadas que no lo hablas, te costará acceder a él, porque se ha ido a la periferia, a la ME. Con el tiempo, al volver a utilizarlo, traerás sus elementos nuevamente al centro, a la MUC, y podrás recuperar tu fluidez.

Como mencionamos, todos los datos y nuevas experiencias se archivan en la MUC a través del fenómeno RAM, o registro automático de la memoria, que actúa esencialmente en la MUC, la región central de la corteza cerebral. Por región central quiero decir el centro de utilización y rescate de materias primas para la construcción de pensamientos, no el centro anatómico de la corteza cerebral.

Cierta vez conocí a un muchacho que tenía una bellísima relación con su padre. Ambos trabajaban y se divertían juntos. Eran dos grandes amigos. Lamentablemente, al padre se le detectó un tumor en el páncreas y pronto falleció. El hijo quedó muy perturbado. Desarrolló una depresión reactiva ante la pérdida. Poco a poco abandonó el encanto por la vida, el placer de trabajar, la motivación para crear. Cuanto más se angustiaba por la ausencia del padre, más producía ventanas con alto poder de atracción y, en consecuencia, agregaba nuevas ventanas killer. Enfermó.

Cuando él me buscó, le expliqué ese mecanismo. Le hablé de la mazmorra de las ventanas doble P construida en el epicentro de la MUC y le dije que su Yo debía salir de la pasividad y ser proactivo. Tenía que usar la pérdida no para atormentarse, sino para proclamar diaria y continuamente que honraría la bella historia que tuvo con su padre, que por amor a él sería más feliz, osado y determinado.

Un Yo lúcido, que se vuelve autor de su propia historia, no esconde sus crisis debajo de un tapete. Gestiona sus pensamientos, se convierte en un excelente constructor de ventanas light en el centro de la memoria y consigue su libertad. Los padres que perdieron a sus hijos, en vez de sentirse los más infelices de los seres humanos, deberían honrar la historia que vivieron con ellos. El dolor puede ser indescifrable, incluso para los psiquiatras más experimentados, pero el Yo puede reescribir el centro de su historia, puede volver a ser un soñador, puede construir un jardín después del invierno más duro.

Un Yo lúcido, que se vuelve autor de su propia historia, no esconde sus crisis debajo de un tapete. Gestiona sus pensamientos, se convierte en un excelente constructor de ventanas light en el centro de la memoria, y consigue su libertad.

Y la ME, o memoria existencial, representa todos los extensos barrios periféricos edificados en la corteza cerebral desde los primeros días de vida. Son regiones en el inconsciente o subconsciente, en las cuales el Yo y otros fenómenos construyen cadenas de pensamientos que no utilizan con frecuencia. Pero esas regiones no dejan, en forma alguna, de influirnos.

Las fobias, la depresión, la ansiedad, las reacciones impulsivas y las inseguridades que no sabemos de dónde vienen o por qué surgieron emanan de la memoria existencial. La soledad en el atardecer o del domingo en la tarde, la angustia que surge al amanecer o la alegría que aparece sin ningún motivo aparente proviene de esas regiones. ¿Te angustias al atardecer? ¿Y el domingo por la tarde es placentero? ¿Existe alguna fecha o algún ambiente que te entristece?

Una persona a la que nunca has visto, pero que pareces conocer, un ambiente en donde nunca estuviste, pero que también juras reconocer, surgen de los inmensos territorios de la ME. Hay miles de personajes y ambientes archivados en la periferia inconsciente a los cuales el Yo no accede. Cuando hacemos un barrido en esas áreas y rescatamos múltiples imágenes, elaboramos complejas composiciones que parecen identificar personas y ambientes desconocidos. No hay nada de supersticioso en ese proceso, aunque el Yo tenga una tendencia, una atracción por la superstición, por lo sobrenatural.

Muchos se preocupan por lo que se registra en los archivos de sus computadoras, pero rara vez se preocupan por las miserias archivadas en su memoria. Creemos que por el hecho de que no recordamos una experiencia negativa, ésta ya se ha ido.

¡Cuánto nos engañamos! No tenemos consciencia del desplazamiento de las experiencias de la memoria de uso continuo a la memoria existencial. Todo aquello que no recuerdas sigue siendo parte de ti.

No comprendemos que estamos edificando barrios enfermizos en la gran Ciudad de la Memoria, que contaminamos su aire, llenamos sus calles de agujeros, destruimos su iluminación. No te olvides de esa imagen. Si no filtramos los estímulos estresantes, reeditamos la película del inconsciente y protegemos la memoria, poco a poco podemos perder la salud emocional.

No obstante, es posible tener una vida adulta feliz, incluso habiendo tenido una historia de dolor en la infancia o en la adolescencia. Basta con aprender a reconstruir la MUC, archivando ventanas saludables o light. La teoría de la inteligencia multifocal nos enseña que, por medio de la gestión de los pensamientos y de las emociones, el Yo puede escribir un nuevo libreto.

Por otro lado, es posible tener una vida angustiante incluso habiendo nacido en cuna de oro, sin traumas ni privaciones. Por eso hay ricos que viven miserablemente y hay miserables que hacen un nuevo día de cada amanecer. Todo depende de las herramientas que aplicamos para ser o no autores de nuestra historia.

Hay muchos jóvenes que no poseen ropa de marca, autos lujosos, casa en la playa, pero su memoria es un jardín donde brotan espontáneamente la tranquilidad, la solidaridad, la contemplación de lo bello, la osadía, el empuje y la determinación. Pasan por inviernos emocionales, pero éstos son cortos, ya que ellos se protegen. Sus primaveras son largas, pues saben hacer mucho de poco y cuidan con cariño e inteligencia su memoria de uso continuo.

Si quieres trabajar los papeles de la memoria con sabiduría necesitas posicionarte como un ser humano en construcción. Es preciso hacer un entrenamiento diario para cambiar tu estilo de vida si éste es estresante: aprender a pasar tiempo contemplando lo que el dinero no puede comprar, a liberar tu creatividad, a poner tus pensamientos bajo tu control, a dar un golpe de lucidez a tu ansiedad.

Si lo hicieras, tus días serán felices; incluso si atraviesas desiertos, tus mañanas estarán regadas por el bello rocío del placer de vivir; aunque pase por crisis, tu emoción será estable y profunda.

Los problemas cotidianos son inevitables. Si quieres tener una familia perfecta, hijos que no te decepcionen, alumnos que no te frustren y compañeros de trabajo que no te aborrezcan, es mejor convivir con máquinas, no con seres humanos. Acepta a las personas con sus limitaciones y utiliza las herramientas de este libro para establecer relaciones saludables con ellas.

Debes saber que toda mente es un cofre; no existen mentes impenetrables, sólo llaves equivocadas. La mejor forma de sembrar excelentes imágenes en los territorios de la memoria de las personas es sorprenderlas con comportamientos inesperados. No eleves tu tono de voz, no hagas comparaciones, no seas repetitivo, no hagas chantajes ni exijas ni critiques en exceso. Esas estrategias erróneas hacen peores a los demás y archivan en ellos ventanas killer.

Los problemas cotidianos son inevitables.
Si quieres tener una familia perfecta, hijos que
no te decepcionen, alumnos que no te frustren
y compañeros de trabajo que no te aborrezcan,
es mejor convivir con máquinas, no con seres
humanos.

Además, nunca le señales a alguien un error antes de valorarlo. Primero debemos elogiar, conquistar el territorio de la emoción, para después conquistar los terrenos de la razón. Así, poco a poco formamos pensadores altruistas, mentes libres y saludables.

Una de las perlas para el desarrollo de la inteligencia socioemocional es ésta: una persona inteligente aprende de sus propios errores; una persona sabia aprende de los errores de los demás. Enseña a tus hijos o alumnos que no necesitan sufrir, atormentarse, fragmentarse, deprimirse para aprender lecciones vitales. Es posible aprender con los tropiezos ajenos. Pero, para eso, es fundamental desarrollar el arte de la observación y posicionarse como un eterno aprendiz.

5
Quinta herramienta de la inteligencia socioemocional: formar mentes brillantes

Formar mentes brillantes es formar hijos y alumnos:

1. Generosos y altruistas.
2. Que sepan pensar antes de reaccionar.
3. Que sepan ser empáticos, ponerse en el lugar de los demás.
4. Que agradezcan a sus padres y maestros.
5. Que no vivan a la sombra de los demás, sino que construyan su propio legado.
6. Que sean consumidores responsables.
7. Que no sean inmediatistas y elaboren sus propias experiencias.
8. Que sean emprendedores, proactivos, disciplinados y soñadores.

Cada niño y cada joven son "herederos" o receptores gratuitos de todos los bienes que rigen la vida humana, incluida la propia vida. Todos, aun los que viven en orfanatorios, son herederos, recibieron el don de la existencia, poseen una carga genética y son dignos de atención, asistencia, enseñanza, protección y garantías constitucionales de sus derechos humanos fundamentales. Otros, cuando tienen padres (o tutores) presentes, reciben de ellos bienes relevantes: los valores sociales, la educación, la cultura, la tradición.

Los más privilegiados reciben algo más de sus padres: dosis elevadas de afecto, amor, generosidad, tolerancia, educación inteligente. Y además de eso, hay hijos que también reciben bienes materiales como herencia: casas, autos, casas de campo, acciones en la bolsa, dinero o empresas de pequeño, mediano y gran tamaño.

Por lo tanto, es innegable que todos los niños, todos los adolescentes y jóvenes son herederos. Pero aquí entra un problema serio: ninguna herencia dura eternamente. Como mínimo, tiene que ser preservada y, si es posible, enriquecida y expandida.

¿Mas quién preserva, enriquece y expande la herencia recibida? ¡Los sucesores! Debido a que la reciben pasivamente, los herederos no valoran lo que reciben. Muchos ponen sus vidas en riesgo consumiendo drogas, conduciendo a alta velocidad sin pensar en las consecuencias de sus actos. Otros desprecian los valores y las orientaciones de sus padres y maestros, piensan que son autosuficientes, reaccionan como pequeños dioses que no necesitan de nada ni de nadie. Y todavía están los que dilapidan irresponsablemente sus bienes materiales. Por lo tanto, no basta con ser herederos; los jóvenes tienen que aprender a ser sucesores. El futuro del planeta, de la sociedad, de las empresas, de las familias, depende de la formación de los jóvenes. Ése es un asunto muy serio, pero gran parte de las escuelas todavía no le presta la debida atención.

Las tradiciones pueden morir, los valores pueden diluirse, los bienes materiales se pueden evaporar, hasta la vida envejece con el tiempo y demanda cuidados especiales. El siglo XVII fue conocido como la edad de los mendigos. En 1630, una cuarta parte de la población de París estaba conformada por pordioseros. La pobreza material era asombrosa, pero hoy, en el siglo XXI, llegamos a la edad de los mendigos emocionales, de los que requieren de muchos estímulos, ropa y aparatos para sentir migajas de placer. Los nuevos pobres no saben filtrar estímulos estresantes, gestionar su propia mente, controlar la ansiedad, liberar su imaginación, dar respuestas brillantes en situaciones estresantes. Nunca hubo tanto acceso a la información, y nunca se formaron tantos repetidores de datos, incluso en muchas tesis académicas.

No basta con ser herederos; los jóvenes tienen que aprender a ser sucesores. El futuro del planeta, de la sociedad, de las empresas, de las familias, depende de la formación de los jóvenes.

Si no formamos sucesores osados, estrategas, emprendedores y disciplinados, las familias se fragmentarán, las empresas entrarán en bancarrota, las naciones serán decadentes y los recursos del medioambiente se agotarán. El ascenso y la caída de familias renombradas, de empresas poderosas, de imperios "invencibles", como el romano, ocurrieron porque la formación de sucesores fue destruida y pasaron a producir herederos disipadores en masa.

Por ejemplo, si los jóvenes que estudian en escuelas públicas no valoran a sus maestros, si no debaten las ideas, si no obtienen placer en aprender y dedicarse a los libros, no estarán preparados para ser sucesores. Habrán heredado la oportunidad de estudiar y la habrán tirado a la basura. No serán protagonistas de su propia historia.

¿Y los alumnos que estudian en escuelas particulares? Muchos padres pagan con sacrificios las escuelas particulares para sus hijos, con la esperanza de que tengan un mejor futuro social, financiero y emocional, pero si ellos no aprenden las habilidades fundamentales para ser sucesores desperdiciarán esa oportunidad. En esta breve existencia, las oportunidades son escasas, y algunas nunca vuelven.

A los herederos no les importa que sus padres hayan perdido el sueño para que ellos durmieran bien, mientras que los sucesores se preocupan por el bienestar y la felicidad de sus educadores. Los herederos viven a la sombra de los padres, mientras que los sucesores batallan para construir su legado. Los herederos son expertos en reclamar, mientras que los sucesores se inclinan ante sus padres y maestros, manifestando su agradecimiento. Los herederos son inmediatistas, quieren todo rápido y listo, mientras que los sucesores elaboran sus propias experiencias.

Si un hijo hereda una empresa y desarrolla un plan, traza metas, establece prioridades y usa su capital intelectual para ser creativo, proactivo y dinámico, tienen grandes probabilidades de expandirla y transformarla en una compañía sólida y sostenible. Así, deja el papel de los herederos pasivos, consumidores irresponsables de herencias, y se convierte en un sucesor altamente digno. Una de las distinciones de los sucesores es hacer mucho de poco, mientras que la de los herederos es hacer poco de mucho.

¿CÓMO FORMAR SUCESORES O MENTES BRILLANTES?

Los padres que actúan sólo como manuales de reglas de conducta, que son especialistas en señalar fallas, elevar el tono de voz, criticar y comparar, afectan a sus hijos, no los educan socioemocionalmente. Los padres que no encantan, que no son carismáticos y empáticos, que no saben pensar antes de reaccionar y exponer en vez de imponer sus ideas, no crean ventanas light en la MUC y, por lo tanto, no educan el Yo de sus hijos para que sea autónomo, tenga autocontrol, sea autor de su propia historia. Ésos tienen grandes probabilidades de formar herederos, no sucesores.

Los padres que actúan sólo como manuales de reglas de conducta, que son especialistas

en señalar fallas, elevar el tono de voz, criticar
y comparar, afectan a sus hijos, no los educan
socioemocionalmente.

De la misma forma, los maestros que sólo transmiten información de manera fría, que no saben educar la emoción de sus alumnos, que no resuelven los conflictos en el salón de clases, no estimulan la creatividad, el altruismo y la generosidad, y mucho menos les inculcan el placer de aprender, tienen grandes probabilidades de formar una clase de herederos, no de sucesores. Por desgracia, decenas o cientos de miles de escuelas en todas las naciones modernas saben saturar la memoria de los alumnos con millones de datos, pero no son aptas para formar pensadores proactivos, empáticos, líderes de sí mismos, que sepan ponerse en el lugar del otro, trabajar bien las pérdidas y frustraciones, construir oportunidades.

Por eso, no sólo los alumnos, sino también los maestros y todos los padres o tutores, deben conocer las herramientas fundamentales de la inteligencia socioemocional. Alumnos, padres y maestros constituyen el tripié necesario para que tengamos más éxito en formar sucesores.

A continuación, veremos diez técnicas educativas para formar mentes brillantes, emocionalmente saludables y que sepan preservar y enriquecer los más variados tipos de herencia que reciben.

Técnica 1. Enseña las trampas del ritual de consumo

Los padres inspiradores enseñan a sus hijos, desde la más tierna edad, que la vida es compleja y que sobrevivir en la sociedad moderna es un arte. Deben instruirlos para saber que el consumo libera sustancias metabólicas cerebrales, como la endorfina, que genera un intenso placer y en algunos casos estimula la repetición irresponsable del ritual de compra, lo cual cristaliza el síndrome del circuito cerrado de la memoria. Cuando está ante un objeto, el circuito de la memoria se cierra, generando el deseo ansioso de adquirirlo. Así, acaban comprando por impulso. Compran por comprar, no por necesidad.

> *Los padres inspiradores enseñan a sus hijos, desde la más tierna edad, que la vida es compleja y que sobrevivir en la sociedad moderna es un arte.*

Millones de personas en todas las sociedades capitalistas tienen deudas en sus tarjetas de crédito a causa de ese mecanismo inconsciente. No saben lidiar con el dinero, no piensan en las consecuencias de su comportamiento. Pasado el momento de la compra, se ven invadidas por un sentimiento de culpa. Los padres y las escuelas deberían enseñar a los niños y a los jóvenes a ser consumidores responsables.

En décadas pasadas, los traumas de la infancia eran los estímulos estresantes que más generaban enfermedades;

hoy, es posible enfermar en la fase adulta de manera seria y contundente, incluso después de una infancia feliz. El consumismo, las deudas, el mal uso de la tarjeta de crédito son fuente de enfermedad mental. ¿Tú enseñas a tus hijos y alumnos a ser consumidores responsables?

Técnica 2. Deja que tu vida sirva de ejemplo

Si ustedes, padres y maestros, no tienen muchos recursos, deben saber que la mejor manera de formar un sucesor es llevar a los jóvenes a transformar la escasez en impulso, el caos en oportunidad creativa, inspirarlos a tener sueños y disciplina.

Para formar mentes saludables y creativas se necesita poco dinero, pero mucha inteligencia. Los padres sabios deben enseñar que la vida es bellísima, pero también frágil y efímera como gotas de rocío. Está más que probado que quien tiene plena consciencia de la fragilidad de la vida la valora con más intensidad y la disfruta con más profundidad.

Padres, no olviden que es su responsabilidad cuidar de su propia calidad de vida para que sus hijos aprendan a cuidar de la suya. Si eres irresponsable con tu salud, no esperes que tus hijos lo hagan diferente. Comer alimentos saludables, hacer ejercicio, valorar el sueño, conducir el auto dentro de los límites de velocidad son ejemplos de cómo velar por la vida. Si los padres actúan como si fuesen dioses inmortales, no pueden querer que sus hijos actúen como humanos.

Los padres inspiradores deben llevar a sus hijos a visitar instituciones que cuidan de los desvalidos, como asilos, orfanatos, hospitales, incluso los que se especializan en el tratamiento del cáncer. Deben incentivarlos a preocuparse por el dolor ajeno. Eso formará en ellos un grupo de ventanas light en la corteza cerebral que propiciará el altruismo y el placer de dar, contribuyendo a protegerlos de una vida inconsecuente.

> *Padres, no olviden que es su responsabilidad cuidar de su propia calidad de vida para que sus hijos aprendan a cuidar de la suya. Si eres irresponsable con tu salud, no esperes que tus hijos lo hagan diferente.*

Técnica 3. Nutre la personalidad de ellos con tu historia

Los educadores brillantes deben "rasgar" su corazón emocional ante los hijos en largas y continuas charlas durante toda la vida. Dejar que ellos se adentren en las capas más profundas de su mente. Encantarlos con la mejor de las historias: la suya propia, con todos sus fracasos y éxitos, sueños y pesadillas, sus aventuras y su tedio. Para formar la personalidad de los hijos es imprescindible que los padres hablen de sí mismos y no sólo den regalos y establezcan reglas. Incluso un padre alcohólico puede enseñar a sus hijos sobre sus dolores, sus dramas, sus vicios y, así, usar los capítulos más difíciles de su historia como recurso pedagógico.

Los educadores encantadores dejan que sus hijos y alumnos conozcan las dificultades y pérdidas que tuvieron que sufrir para llegar a donde están. Ésa es una de las mejores técnicas para enseñarles que nadie es digno de subir al podio si no utiliza los percances de la vida para conquistarlo. Claro, tal vez debamos guardar algunos secretos, pero ésos deberían ser mínimos. Lamentablemente, incluso padres con un excelente nivel académico, como abogados, médicos, psicólogos, ejecutivos y profesores, también fallan con frecuencia en esa empresa. Hablan sobre lo trivial, pero se callan sobre lo esencial, sobre sus historias.

Lo deseable es apagar el televisor, por lo menos una vez por semana, aunque sea por una o dos horas, para dar lugar a diálogos entre padres e hijos, para construir puentes. Sin puentes, todos quedan aislados. Las estadísticas demuestran que 50 por ciento de los padres nunca conversan con sus hijos sobre sus miedos, pesadillas, dificultades, angustias, sueños. Una pérdida irreparable. Por desgracia, la familia moderna se ha convertido en un grupo de extraños. ¿Cómo formar mentes brillantes y maduras si no nutrimos a nuestros hijos y alumnos con nuestras experiencias? Sólo formaremos niños y niñas con diplomas en las manos.

Técnica 4. No sobreprotejas

Los padres inspiradores no deben sobreproteger a sus hijos, criándolos en una burbuja. Los padres que satisfacen todos los deseos de sus hijos, que no soportan la presión y los berrinches, que ceden con facilidad, forman hijos débiles, incapaces de lidiar con las frustraciones, crisis y pérdidas que sufren y sufrirán en el futuro.

Los padres que satisfacen todos los deseos de sus hijos, que no soportan la presión y los berrinches, que ceden con facilidad, forman hijos débiles, incapaces de lidiar con las frustraciones, crisis y pérdidas que sufren y sufrirán en el futuro.

La sobreprotección crea mecanismos mentales que inhiben la resiliencia, la capacidad de soportar contrariedades. Cuando sus hijos tropiecen, lloren, caigan, no se muestren indiferentes: abrácenlos, pero enséñenles que la vida tiene muchas caídas. Cuando sufran pérdidas, ofrézcanles su hombro para que lloren, pero muéstrenles que las crisis son etapas de la vida. El dolor bien trabajado nos vuelve fuertes, seguros, autores de nuestra historia. Habla de tus lágrimas para que tus hijos y alumnos aprendan a llorar las suyas, pues tarde o temprano las derramarán. Recuerda que transferir el capital de las experiencias es vital para formar mentes brillantes.

Técnica 5. Protege la emoción de quien fue agredido

Cuando sus hijos sufran bullying, sean ofendidos, despreciados o el blanco de apodos peyorativos, es preciso procurar resolver la causa estresante en el ambiente donde ocurrió la agresión. Ustedes deben abrazarlos y apoyarlos, pero no tratarlos como meras víctimas indefensas. Al contrario, deben mostrar que, a partir de ese momento en adelante, el sufrimiento los hará más fuertes, inteligentes y creativos.

Los educadores que marcan la diferencia en la formación de mentes saludables deben aprovechar la oportunidad para fortalecer a sus hijos y alumnos en sus crisis, exaltar su fuerza y su capacidad de superación. Proteger y fortalecer a quien fue agredido es tan importante como impedir la agresión, pero por desgracia la gran mayoría de los padres y profesores no lo hace.

Es primordial preparar a los jóvenes para enfrentar las competencias, los desafíos y las agresiones. No los críen en un capullo. No dejen que ellos graviten en la órbita del bullying ni del ofensor, sea éste un individuo o un grupo. Déjenlos bien equipados para entender que la salud emocional vale oro y no debe venderse a un precio banal, por nada ni por nadie. Por eso consideramos fundamental que nuestros alumnos aprendan a proteger la emoción, a filtrar los estímulos estresantes y a no comprar, en su mente, lo que no les pertenece.

Es primordial preparar a los jóvenes
para enfrentar las competencias, los desafíos
y las agresiones. No los críen en un capullo.

Técnica 6. Enseña el valor de la libertad y negocia los límites

Los padres inspiradores necesitan negociar con los hijos sus momentos de placer y de responsabilidad. Estudiar y disfrutar de la vida deben ser dos pesas en una balanza equilibrada. No dejes que tus hijos estén conectados a la televisión, jugando videojuegos todo el día. No permitas que naveguen en internet hasta la madrugada. Eso es un crimen educativo que más tarde pasará la factura. Los niños y adolescentes necesitan tener infancia, inventar, aventurarse, vivir experiencias, disfrutar la vida, no sólo quedarse conectados a esa industria de ocio artificial. Ellos necesitan, como mínimo, ocho horas de sueño todas las noches. En los fines de semana, sería bueno que durmieran todavía más.

Los niños, los adolescentes e incluso los adultos no deberían utilizar el celular hasta en el último momento antes de dormir ni dejarlo a su lado en la mesa de noche. Las ondas de luz azul de la pantalla alteran determinadas sustancias cerebrales y dificultan el sueño. Y el sueño es el motor de la vida. Sería bueno apagar el celular dos horas antes de dormir. Además, los videojuegos que inducen a la violencia deberían ser seriamente repensados. Todos los mecanismos agresivos para superar problemas se registran en la memoria de los jóvenes y pueden trasladarse de manera enfermiza a la vida real.

A cambio de los horarios de ocio, de jugar videojuegos y salir con los amigos, los niños y los adolescentes deberían hacer aportaciones, como ordenar su cuarto, recoger la mesa o hacer otras tareas para contribuir al buen funcionamiento del hogar. Fuera del ambiente familiar siempre se exigen retribuciones. Para desarrollar su inteligencia socioemocional es fundamental demostrarles a los alumnos de todas las edades que quien no aprende a servir y a recompensar se convierte en un reyezuelo y hace de los padres sus meros súbditos. Sin embargo, serán destronados al entrar en la edad adulta. Caerán del cielo a la tierra. Serán herederos irresponsables e infelices. Cuanto más se preocupa una persona por el bienestar de los demás, principalmente de su familia, más saludable se vuelve.

Técnica 7. Practica el arte de la gratitud

La gratitud estabiliza la emoción, da profundidad a la existencia, vuelve saludables las relaciones humanas. Los padres inteligentes deben ser los primeros en practicar el arte de la gratitud para educar hijos agradecidos. Deben ser carismáticos, agradecer a sus propios padres frente a sus hijos, dar las gracias al empleado de la gasolinera, al policía que hace su ronda, al conserje del edificio, al mesero que sirve, a los compañeros de trabajo. No pidas que tus hijos sean agradecidos; siembra en ellos la gratitud, archiva ventanas light en su memoria de uso continuo, en el centro de su consciencia. De ese modo, ellos serán naturalmente personas agradecidas y bien resueltas.

Muchos intelectuales, ejecutivos y profesionistas independientes de éxito son reservados, se enclaustran en sí mismos, rara vez reparten sonrisas y saludos. Son tolerados, pero no admirados. Se olvidan de que la vida es un juego en el tiempo y que en breve irán a la soledad de un sepulcro, como cualquier mortal. Viven como semidioses. No reflexionan que nadie se lleva consigo estatus, poder, autoridad, dinero. No abren las puertas de la mente para impactar a quien está a su lado.

Si los educadores son cerrados y severos, no pueden esperar contribuir a que los alumnos sean abiertos y relajados. Si los padres son antipáticos, no se esfuerzan por tener buen humor y ser tranquilos, no pueden esperar que sus hijos sean simpáticos y pacientes. Si son pesimistas y ansiosos, no pueden esperar que sus hijos sean controlados y optimistas. Ellos pueden incluso desarrollar esas características, pero lo harán a pesar de la influencia contraproducente de sus educadores. Recuerda que tu comportamiento vale más que mil palabras, pues crea plataformas de ventanas en la memoria de los jóvenes.

Técnica 8. Agradece a tus hijos y alumnos por existir

Los padres e hijos fascinantes deben transformar el arte de agradecerse uno al otro en un hábito. Si no lo hacen, tendrán una relación paupérrima. Del mismo modo, un padre y una madre que no saben agradecer y elogiarse entre sí frente a sus hijos pueden adquirir una cultura académica o incluso mucho dinero en el banco, pero tendrán una vida infeliz, una relación poco saludable.

Los padres y parejas inspiradores dicen: "¡Hijo, muchas gracias por existir!", "¡Muchas gracias por alegrar mi emoción!", "¡Muchas gracias por formar parte de mi historia!". Parece algo muy simple, pero agradecer a los hijos por su existencia es mejor que darles el auto más caro del mundo, el aparato más sofisticado, una joya con el diamante más reluciente. Siembran ventanas light doble P, que tienen el poder de liberar el Yo, de crecer ante las adversidades y de desarrollar altruismo y autoestima. ¿Tú sabes dar ese tipo de regalos?

Los hijos necesitan sentirse amados desde que son bebés. Deben saber que son insustituibles y valen mucho, sean sus padres millonarios o de pocos recursos. Es casi increíble, pero la inmensa mayoría de los padres, de los más diversos países y culturas, falla en ese requisito fundamental de la formación de la personalidad de sus hijos. Conversan mucho con sus hijos cuando ellos todavía no saben hablar, pero se callan cuando ellos aprenden el idioma. Una paradoja inaceptable.

Por favor, guarden bien esta información. Si los padres necesitan elevar el tono de voz para ser escuchados, como es común, algo está mal. Ellos son grandes por fuera, pero pequeños por dentro. Si los padres y maestros son eficientes en dibujar una imagen sobresaliente en el interior de los hijos y los alumnos, las palabras suaves tendrán impacto, una mirada provocará un cambio de rumbo. ¿Tú tienes que elevar el tono de tu voz para que te escuchen? ¿Necesitas presionar y dar sermones? Debemos prestar atención, pues nuestro tono de voz y nuestras palabras nos delatan.

Técnica 9. *Sé tolerante*

Los padres inspiradores no deben confundir el establecimiento de límites con las exigencias excesivas. Los padres que reclaman y critican constantemente formarán plataformas de ventanas traumáticas que paralizarán la libertad, cerrarán los ojos ante la levedad de la vida, bloquearán el aprendizaje, asfixiarán la osadía.

Los padres que son especialistas en desaprobar a sus hijos no pueden esperar que ellos sean tolerantes con los errores ajenos, incluso de ellos mismos. Quien siembra ventanas killer tiene grandes probabilidades también de construir ventanas traumáticas. Debido a la actuación rápida e inconsciente del fenómeno RAM, la acción siempre genera una reacción.

Los padres impulsivos también tienen grandes probabilidades de construir plataformas de ventanas que propiciarán la impulsividad y la impaciencia. Los padres inseguros y fóbicos expresan, sin darse cuenta, comportamientos que promueven la inseguridad, el miedo a equivocarse y el temor a la crítica social a lo largo de la formación de la personalidad de sus hijos. Pero si has fallado, no te desesperes. Por favor, entiende que la psique no es cartesiana, no es lógica y lineal. Tú puedes y debes reinventarte como educador.

Los padres irritables, fóbicos e impulsivos también pueden contribuir a formar hijos profundamente saludables, pero antes deben aprender a gestionar su propia ansiedad y su comportamiento frente a los hijos. Y, cuando se equivoquen, deben ofrecer disculpas rápidamente. Es vital enseñarles que, más que fallar, lo importante es trabajar las fallas para alcanzar la madurez. Más allá de herirnos, lo importante es elaborar nuestros dolores para ganar experiencia. Nada es inmutable en la mente humana.

Técnica 10. Da lo que el dinero no puede comprar

Los padres inspiradores no se la pasan quejándose del gobierno, del salario, del trabajo, de las dificultades de la vida. Saben que no sólo las drogas son las que envician, las quejas también lo hacen. Quien reclama constantemente cierra el circuito de la memoria, no ve el mundo con esperanza, se atasca en el lodo del pesimismo, no distingue las alternativas para superar las barreras. No se recicla ni recorre nuevos caminos.

Los profesores encantadores son mesurados en sus críticas y en las observaciones sobre el comportamiento de los demás. Tienen buena capacidad para soportar contrariedades. No se quejan excesivamente de sus hijos y alumnos. No estoy diciendo que debemos ser ingenuos, abandonar el pensamiento crítico. Lo que quiero decir es que las personas que sólo ven el lado malo de los demás, que son expertas en denunciar y ávidas en señalar errores, bloquean la libertad y la autonomía de sus alumnos. Una de las formas más incisivas para empobrecer el potencial intelectual de los hijos es quejarse o hablar mal de todo y de todos frente a ellos, porque ellos dejarán de ser proactivos y se enviciarán en culpar a los demás, no en resolver sus problemas.

Creemos que es difícil formar hijos osados, emprendedores, alegres, carismáticos, creativos, que sepan encantar a las personas y también ser sucesores, porque no nos damos cuenta de que nosotros somos los mayores obstáculos.

Otra gran barrera en la formación de hijos brillantes es dar regalos en exceso. Los padres inspiradores no deberían obsequiar indiscriminadamente ropa, juguetes, calzados deportivos, aparatos electrónicos, aun si son millonarios. Dar en exceso asfixia el placer de vivir, amordaza la aventura de las conquistas, genera mentes insaciables. Una de las formas más seguras de destruir la salud emocional de los hijos es convertirlos en personas superficiales, infelices, consumistas y destructoras de la herencia y darles todo lo que pidan.

Reitero que lo mejor que los padres pueden dar a sus hijos para que desarrollen una mente libre y una emoción productiva es lo que el dinero no puede comprar: sus valores, su visión de la vida, su afecto, sus abrazos, sus besos, largas conversaciones, un hombro para que puedan llorar, la capacidad de apostar por ellos cuando fallen y animarlos cuando se derrumben. Los bienes materiales son sustituibles, pero ustedes son insustituibles.

6

Padres inspiradores y maestros encantadores

Después de conocer esas cinco importantísimas herramientas para el desarrollo de la inteligencia socioemocional, vamos a profundizar un poco en la contribución de los padres y los maestros a la creación de jóvenes saludables, con autocontrol, seguridad, resiliencia, habilidades para la solución pacífica de conflictos y capacidad de trabajar en equipo. Todas esas características son vitales para el éxito socioprofesional.

LOS BASTIDORES DE LA MENTE HUMANA

Vamos a las preguntas sobre la mente humana. ¿Piensas sólo lo que tu Yo quiere pensar? Muchos dirán rápidamente que no. Pero ¿entonces quién piensa el resto? ¿Nuestra mente es una casa embrujada? En realidad, esa simple pregunta revela uno de los más importantes secretos del intelecto humano, que brillantes pensadores no estudiaron en el pasado. No sólo el Yo, que representa la capacidad de elección y la consciencia crítica, genera pensamientos, sino que hay cuatro fenómenos inconscientes que también lo hacen. Tú no sólo piensas porque quieres pensar, piensas también porque hay una danza de fenómenos leyendo la memoria y produciendo una fábrica ininterrumpida de pensamientos y emociones. Las respuestas son sofisticadísimas.

Ninguna técnica de relajación, meditación, atención plena, interrumpe la producción de pensamientos; como mucho, si es eficiente, puede desacelerarla. Si tu Yo no piensa en una dirección lógica y consciente, los cuatro fenómenos inconscientes, o copilotos del Yo, lo harán en su lugar. Ellos son muy importantes para el proceso de aprendizaje y para dar origen a la mayor fuente de entretenimiento humano, pero pueden perder su función saludable y transformar la mente humana en una fuente de estrés, preocupaciones, tensiones, fobias. ¿Tu mente es tranquila o inquieta? Esto depende de quién tenga el control, si tu Yo o sus copilotos.

¿Cuántas veces detestas tus pensamientos pesimistas, anticipatorios, fóbicos o morbosos, pero no puedes librarte de ellos? ¿Nunca te sentiste perturbado por el hecho de que estemos obligados a ver en nuestra mente una película dramática que no produjimos en forma consciente? Como ya comentamos anteriormente, el gatillo de la memoria, las ventanas, el ancla de la memoria y el autoflujo son los cuatro fenómenos o copilotos del Yo responsables de eso. Por ejemplo, los rituales estresantes del trastorno obsesivo-compulsivo, manifestado por la manía de limpieza, de lavarse las manos y de verificar si las puertas y ventanas están cerradas, son producidos por la acción de esos fenómenos inconscientes, no por la actuación consciente del Yo. El Yo quiere ser libre, feliz, relajado, pero sus copilotos lo encarcelan.

Tenemos que comprender que nuestra aeronave mental y la de nuestros hijos y alumnos, de nuestros colaboradores y parejas no sólo tienen un piloto consciente, sino varios copilotos inconscientes que pueden producir una avalancha de pensamientos, ideas, imágenes mentales y reacciones perturbadoras. Por eso deberíamos aprender a juzgar menos y abrazar más. ¿Tú eres un experto en juzgar o en acoger? ¿Exiges coherencia de los demás, pero tú no siempre la tienes? Recuerda que el poeta y el ordinario, el altruista y el egoísta habitan en la misma mente.

En la era digital, los copilotos son frenéticamente estimulados. Es su actuación, y no la del Yo, la que produce el síndrome del pensamiento acelerado (SPA). Es probable que una hora de uso del celular proporcione más estímulos distintos y excitantes que los datos a los que un ser humano tendría acceso en un mes en los siglos pasados. El Yo se convierte en una marioneta, mirando maniatado la obra que esos fenómenos producen, volviéndose un espectador pasivo. Tal vez tome décadas o siglos para que los científicos y psicopedagogos entiendan que estamos invadiendo algo que debería ser inviolable: el proceso de edición de los pensamientos. ¿Por qué esa demora? Porque no estudiamos sistemáticamente la que tal vez sea la última frontera de la ciencia: la naturaleza, los tipos, los procesos de construcción y la gestión de los pensamientos. Una falla dramática de las ciencias humanas.

Me sorprendió descubrir el SPA hace más de dos décadas. Sabía que ese síndrome se confundiría en todo el mundo con la hiperactividad o trastorno de déficit de atención (TDAH). Y así ha sido. Los psiquiatras, neurólogos y pediatras, al observar nerviosismo en los niños y adolescentes, hacen un diagnóstico equivocado, creyendo que son hiperactivos y prescriben fármacos de obediencia sin necesidad. Claro que un niño o un joven hiperactivo, cuya inquietud mental y motora es de origen genético, cuya incidencia es de 1 a 2 por ciento, puede beneficiarse a la larga con el uso de sustancias psicotrópicas. Sin embargo, cerca de 80 por ciento de los alumnos diagnosticados son víctimas de ese engaño.

Reitero que los medicamentos bien prescritos para casos específicos y por un tiempo limitado pueden ser útiles, pero ese uso indiscriminado es un error contra el proceso de la formación de mentes libres, proactivas, bien resueltas, inventivas y resilientes. Me dan ganas de llorar al darme cuenta de lo que estamos haciendo con los hijos de la humanidad en todo el mundo. Necesitamos liberar el cerebro, no domesticarlo.

Si en la actualidad el Yo se formara bien en las escuelas de enseñanza básica y media y en las universidades, podríamos al menos proteger la emoción o gestionar los pensamientos en la era digital. Sin embargo, estamos en la edad de piedra en relación con los papeles formales del Yo. Las personas dicen la palabra *yo* en una forma muy fácil y superficial: "yo quiero", "yo voy", "yo estoy". Pero no me estoy refiriendo a ese "yo". De acuerdo con la teoría de la inteligencia multifocal, el Yo desempeña papeles fundamentales para el desarrollo de una mente saludable.

El Yo debe ser líder de sí mismo, gestor de la mente, protector de la emoción. También debe aprender a reeditar las ventanas de la memoria, dar un golpe de lucidez a los pensamientos que no produjo, organizar la psique, reciclar las creencias enfermizas y superar las necesidades ansiosas, como las de poder y de presencia social. Debe también entregarse socialmente sin expectativa de retorno, saber que la mayor venganza contra un enemigo es perdonarlo, tener consciencia de que la ira, el odio, los celos y el sentimiento de venganza hacen daño especialmente a quien los experimenta.

Un Yo mal formado deja la emoción sin gestión y paga carísimo por las ideas tontas, débiles e inconexas producidas por los cuatro fenómenos inconscientes. Por ejemplo, pensar en un problema que podría ocurrir en el futuro es una cosa, pero sufrir por anticipación es otra. Sufrimos porque no tenemos un gerente en la mente. La dimensión de ese sentimiento depende del grado de credibilidad que otorgamos a nuestra basura mental. ¿Has preguntado a tus hijos y alumnos qué tipo de pensamientos perturbadores generan, y si su Yo da crédito a esos pensamientos? Hacer esas preguntas es más importante que dar todos los regalos del mundo. Pero rara vez los padres, sean estadunidenses, franceses, chinos o brasileños, saben lo que pasa en el teatro mental de sus hijos.

¿Por qué guardamos silencio ante las capas más profundas de la mente de nuestros hijos? Porque la educación mundial es superficial y enfermiza, se preocupa por las matemáticas numéricas, pero no por las matemáticas de la emoción, donde dividir es sumar. Dividir y compartir nuestros conflictos incrementa nuestra posibilidad de superarlos. Sabemos compartir la comida, el dinero, los bienes, pero no nuestra historia. La familia moderna se ha convertido en un grupo de extraños. Los padres comunes comparten artículos, los padres inspiradores comparten lo que el dinero no puede comprar.

Antes de describir las grandes habilidades de los padres inspiradores y los maestros encantadores, debemos conocer un poco mejor los fenómenos inconscientes que actúan poderosamente en los bastidores de la mente, y que están en la base del proceso de formación de la personalidad, del proceso de aprendizaje, de la construcción de la salud emocional y también de los trastornos mentales.

Hice ya un breve comentario sobre los copilotos del Yo, que son cuatro fenómenos inconscientes (el gatillo de la memoria, las ventanas de la memoria, el ancla de la memoria y el autoflujo), que en cada acto existencial leen la memoria en fracciones de segundo y producen los primeros pensamientos y emociones. Amor y odio, aplausos y abucheos, afecto y celos, alegría y tristeza, en fin, todas las construcciones socioemocionales se inician siempre en el territorio del inconsciente por la acción de esos cuatro fenómenos. Sólo segundos después el Yo, que representa la capacidad de elección o autocontrol, tiene la posibilidad de "tomar los instrumentos de navegación de la mente" —por ejemplo, al actuar como abogado defensor—, refutando los pensamientos perturbadores, para poder dirigir la aeronave mental.

Si el Yo no aprende a ser gestor de su propia mente, siempre será víctima de los traumas y conflictos, de las fobias, de la timidez, de los celos y del sentimiento de venganza, que los inician los copilotos inconscientes. Pero ¿en qué escuela enseñan los papeles del Yo? Por desgracia, y dado que la educación mundial es excesivamente racionalista y enseña a gestionar empresas y a actuar en el mundo físico, pero no a lidiar con los papeles fundamentales del Yo, con frecuencia los seres humanos —sean ejecutivos, profesionales independientes, padres, profesores, hijos, alumnos— son víctimas de sus cárceles mentales.

Digo, con profunda tristeza, que he sido una voz solitaria en el teatro de la humanidad, proclamando que debemos cambiar la educación, pasar de la era de la información a la era del Yo como gestor de la mente humana. Sin crear ese cambio, seguiremos fomentando guerras, homicidios, suicidios, discriminaciones y violencias de los más diversos tipos.

Esos copilotos o fenómenos inconscientes son importantísimos cuando tienen un funcionamiento saludable. Sin ellos no seríamos esa especie pensante que crea el espectáculo de la consciencia. Mientras estás leyendo este texto se disparan nubes de gatillos (primer copiloto), abriendo miles de ventanas (segundo copiloto) que contienen millones de datos para que puedas asimilar los verbos, sustantivos y pronombres en cada uno de los párrafos. Por lo tanto, esta tarea no es responsabilidad del piloto Yo, sino de sus copilotos. Al mismo tiempo, el ancla de la memoria (tercer copiloto) se fija en las regiones abiertas, estableciendo un foco de lectura.

Si no hubiera un foco, es decir, si el ancla se moviera mucho en la memoria, podrías perderte en el texto y pensar en un determinado problema que necesitas resolver. Los lectores muy distraídos viven el dilema de poseer un ancla muy móvil, que pasea excesivamente por varios campos de la memoria. Leen páginas enteras, pero no se acuerdan de casi nada.

Las personas inteligentes, soñadoras, que tienen un ancla muy móvil, piensan mucho pero realizan poco. ¿Conoces a personas así? Son superinteligentes, pero estériles; están motivadas en la fase inicial de un emprendimiento, pero eluden los proyectos a medio y largo plazo. Cuidado, pues tener foco es vital para ser eficiente. Una de las mayores consecuencias de quien vive intoxicado por los celulares es desarrollar el síndrome del pensamiento acelerado, cuya consecuencia principal es precisamente la falta de foco. Eso ocurre en razón de un exceso de movimiento del ancla, el tercer copiloto del Yo.

Esas personas repiten los mismos errores, son inquietas, no son perseverantes, disciplinados, ni luchan por sus sueños, lo que les ocasiona intensa frustración. Parecen hiperactivas, pero veremos que ése no es el caso. En realidad, están hiperestimuladas. Los médicos en todo el mundo se engañan con ese diagnóstico y tratan el SPA como si fuera hiperactividad o trastorno de déficit de atención.

Sin embargo, el SPA no tiene un sesgo genético. Es causado, entre otras cosas, por este mundo urgente, insano, digitalmente fascinante, pero que al mismo tiempo provoca un verdadero bombardeo cerebral.

Una de las mayores consecuencias de quien vive
intoxicado por los celulares es desarrollar
el síndrome del pensamiento acelerado,
cuya consecuencia principal es la falta de foco.

Si, por un lado, el hecho de que el ancla de la memoria se pasee frenéticamente por la memoria genera personas poco productivas, inestables, indisciplinadas, por el otro, si se cierra y se fija demasiado, dará origen a individuos aprisionados por ventanas killer. En ese caso, el problema es aún mayor, pues da lugar al síndrome depredador-presa, que provoca reacciones agresivas, autopunitivas, fóbicas e instintivas.

Toda fobia es una cárcel mental, con baja o alta intensidad de sufrimiento, dependiendo del tipo y el grado de exposición al objeto fóbico.

Tener miedo de los ascensores puede no causar mucho sufrimiento, a no ser que alguien trabaje en lo alto de un rascacielos, pero la misofobia, por ejemplo, que es el miedo mórbido a los gérmenes, puede ser más angustiante, pues supuestamente estamos expuestos a la contaminación, aunque ficticia, en todo momento existencial. El desarrollo de fobias y de TOC es algo muy común en el proceso de formación de la personalidad. Por eso, las herramientas preventivas de gestión de la emoción son fundamentales.

Veamos otro ejemplo de la acción de los copilotos capaces de encarcelar el Yo. Debemos tener claridad sobre ellos para entender por qué estamos en la era de los mendigos emocionales, del envejecimiento precoz de la emoción y de los trastornos mentales, especialmente la ansiedad y la depresión. Ante una ofensa o un caso de bullying, el gatillo de la memoria se dispara (primer copiloto), abre una ventana o un grupo de ellas (segundo copiloto) y se instala el ancla (tercer copiloto), generando un foco de lectura de la memoria. Enseguida, el autoflujo (cuarto copiloto) comienza a leer y releer las ventanas abiertas. Como ya mencionamos, el Yo tiene que retomar el control sobre ese proceso que ya ha iniciado y darle un formato inteligente. En caso contrario, podrá quedar aprisionado por reacciones, sentimientos, pensamientos e ideas que él no produjo. Un Yo entrenado para ser gestor de su propia mente no compra lo que no le pertenece.

Ahora veamos una situación común, donde un alumno tiene una actitud que decepciona a un maestro. La acción dispara el gatillo y abre una ventana killer, o traumática, en el cerebro del educador, que se siente confrontado, desafiado, herido. El volumen de tensión de esa ventana puede ser tan grande que el ancla de la memoria cierra el circuito, bloqueando miles de ventanas con los millones de datos que serían necesarios para que el educador diera una respuesta inteligente en ese momento angustiante. El resultado es que el autoflujo sólo puede leer esa ventana killer, causando que el profesor reaccione por instinto, como si fuera un *Homo bios*, y no un *Homo sapiens*, un ser pensante y generoso.

En un momento así, muchos padres y maestros no ven a sus hijos y alumnos como aprendices. En esas ocasiones, los consideran depredadores: depredadores de su autoridad, de la paciencia, del placer de vivir, del respeto. Por eso su Yo no ejerce el autocontrol y experimenta el síndrome depredador-presa, que los llevará a actuar por instinto —y no como dueños de sí mismos—, gritando, castigando, discutiendo. ¿Tú mantienes la calma en los focos de tensión o actúas impulsivamente ante quien amas? ¿Exiges tener autocontrol o reaccionas sin pensar?

Cuando descubrí el síndrome depredador-presa, propiciado por los copilotos inconscientes que actúan en fracciones de segundo en el territorio de la mente humana, entendí por qué la historia de la humanidad siempre ha estado enferma, manchada por brutalidades, atrocidades, salvajadas. Somos notoriamente mortales, pero en los focos de tensión con frecuencia actuamos por instinto, como si fuéramos eternos. Un poeta puede hablar de las flores en un momento y, en el otro, al ser contrariado, ser inhumano con su hijo o su esposa. Como ya dije en mis otras obras, en el cerebro humano producimos más cárceles de las que hay en las ciudades más violentas del mundo.

Queridos padres y profesores, jamás olviden que, en los primeros treinta segundos de tensión, podemos ser depredadores de quienes amamos y proferir palabras que jamás deberíamos decirles a nuestros aprendices. En esos álgidos momentos en que los mecanismos primitivos de nuestro cerebro entran en escena, millones de padres de todas las naciones sentencian y castigan a sus hijos; los maestros exponen públicamente los errores de sus alumnos y las parejas se hieren entre ellas.

¿Hay momentos en los que actúas como un depredador? ¿Quién o qué te saca de tu punto de equilibrio? ¿Eres negligente con quien necesita de tus abrazos y tu paciencia? Para domesticar a la fiera que vive dentro de nosotros, capitaneada por nuestra impaciencia, intolerancia y agresividad, en primer lugar es necesario reconocerla. La mayoría de los seres humanos no la reconoce, y muere hiriendo a quien ama.

LOS EDUCADORES DESEQUILIBRADOS TIENEN MÁS PROBABILIDADES DE GENERAR JÓVENES DESCONTROLADOS

Los padres comunes elevan el tono de voz cuando los hijos están nerviosos, exasperados o hacen algo que los decepciona. Los copilotos de la mente dominan su Yo. Detonan inmediatamente el gatillo de la memoria, se adentran en las ventanas killer, cierran el circuito de la memoria y reaccionan como sus hijos. En cambio, los padres encantadores bajan el tono de voz, mantienen la serenidad, revelan madurez, enseñan a sus hijos que con gritos y berrinches no van a conseguir nada.

Los padres comunes gritan cuando son desafiados, parece que quisieran domar el cerebro de los niños y de los jóvenes, mientras que los padres inspiradores tienen auto-control en los focos de tensión, pues su objetivo es formar mentes brillantes. Los padres comunes quieren ejercer su autoridad con agresividad, mientras que los padres ins-piradores quieren ejercerla con sabiduría. Los padres co-munes imponen sus ideas, quieren formar repetidores de información que obedecen órdenes; en tanto, los padres inspiradores exponen con paciencia sus pensamientos, pues quieren formar pensadores. ¿Qué tipo de padre eres tú? ¿Qué es lo que estás formando?

Los maestros comunes pierden el control cuando son confrontados, mientras que los maestros encantadores mantienen la calma, no dejan de ser autónomos y libres. Los maestros comunes son especialistas en intimidar a sus alumnos con palabras severas, en tanto que los maestros encantadores son expertos en estimular a sus alumnos a viajar dentro de sí mismos y a pensar antes de reaccionar.

Los educadores comunes quieren a toda costa resultados inmediatos en el presente, son adiestradores de mentes, pero los padres inspiradores y los maestros encantado-res son jardineros de ventanas light en la mente de quien aman. Piensan a mediano y largo plazo, educan para el fu-turo. Hay dos principios al educar a los niños y adolescen-tes: como una hoguera de madera seca o sembrar semillas. ¿Cuál prefieres?

Los educadores comunes prefieren la madera seca, es decir, discuten, se irritan, se intranquilizan, vociferan ante sus hijos y alumnos. Hacen una hoguera con gran-des llamaradas. A veces, con un desgaste cerebral enorme, consiguen algunos resultados inmediatos, pero pronto la madera se acaba, su energía se agota y el frío regresa, esto es, los comportamientos que desaprueban continúan. Ésa es una manera enfermiza de educar y de vivir. Los padres y maestros que actúan así agotan su cerebro y los de sus educandos. Provocan síntomas psicosomáticos, como cefaleas, nudo en la garganta, hipertensión arterial, fatiga al despertar.

Los educadores brillantes son diferentes, pues usan el poder latente de las semillas para educar a sus hijos y alumnos. Siembran pacientemente en el suelo de su mente. No se desesperan ni se atormentan, sólo esperan y esperan. Claro que en algunos momentos se frustran y se angustian, pues parece que aquello que enseñaron no tuvo efecto, que las semillas murieron, que los jóvenes siguen siendo los mismos y se volverán perdedores. Pero he aquí que las semillas comienzan a brotar. Y, por fin, crecen, fructifican y de ellas surge un gran bosque. ¿El resultado? Nunca más les faltará madera para calentarse. Satisfechos, los educadores contemplan las transformaciones sostenibles en la psique de quienes educaron.

En esa metáfora, las semillas son las bellísimas habilidades de la gestión de la emoción, como pensar antes de reaccionar, tener empatía, autocontrol, altruismo, gestionar el estrés, desarrollar la capacidad de trabajar pérdidas y frustraciones, de adaptarse a las intemperies, de respetar a los que son diferentes, de reinventarse en el caos. No es fácil desarrollarlas, pero son fundamentales no sólo para la salud emocional, sino para tener éxito en la vida. Sin ellas, un ser humano no está en condiciones de volverse resiliente, líder de sí mismo, autor de su propia historia. Será un esclavo viviendo en sociedades libres.

LA AUTORIDAD PROVIENE DE LA INTELIGENCIA

La verdadera autoridad no proviene de la fuerza, sino de la inteligencia; no proviene de los gritos, sino del tono suave; no proviene de la agresión, sino de la comprensión; no proviene de la exclusión, sino de los abrazos; no proviene de las críticas constantes, sino de la capacidad de apostar. Pero muchos padres están enviciados en elevar el tono de voz como un adicto a las drogas; muchos maestros son impulsivos, quieren silencio absoluto en la era de la ansiedad, en la era del síndrome del pensamiento acelerado. Imposible, a no ser que estén enfermos.

Si tu hijo te desafió, ¿por qué estás obligado a perder el control? Mantén la calma, recita la oración de los sabios, el silencio proactivo. Te callas por fuera, pero te bombardeas de preguntas por dentro: ¿por qué me desafió? ¿Por qué me confrontó? ¿Debo ser esclavo de esa confrontación? Él no es mi enemigo, es mi tesoro.

La técnica del silencio proactivo lleva a tener autonomía, a ser líder de uno mismo. Conduce a entender que el objetivo no es ganar una partida de "vencidas", sino enseñar a quien amas a desarrollar la fascinante habilidad llamada "pensar antes de reaccionar". No incursiones en una guerra que tú no provocaste.

Si aprendes a tener autocontrol cuando él te desafía y te confronta, ciertamente también lo estarás estimulando a ejercer el autocontrol. Si tú no eres líder de ti mismo, ¿cómo enseñarás a tu hijo a ser líder de su mente cuando sea confrontado? Si no sabes ser contrariado, ¿cómo le enseñarás a ser resiliente y seguro? Si eres un padre común, especialista en regaños, estarás registrando los mismos mecanismos en su corteza cerebral. Él será agresivo y descontrolado cuando sea desafiado.

La técnica del silencio proactivo lleva a tener autonomía, a ser líder de uno mismo. Conduce a entender que el objetivo no es ganar una partida de "vencidas", sino enseñar a quien amas a desarrollar la fascinante habilidad llamada "pensar antes de reaccionar".

Si él te decepcionó o te lastimó, ten un Yo líder de sí mismo, rescata tu historia. Recuerda que tú también decepcionaste a tus padres muchas veces. Tú también los lastimaste. Tu objetivo como educador no es ejercer la autoridad: "aquí mando yo", "yo pago las cuentas, y tú tienes que someterte a mí". Tu hijo sabe que tú pagas las cuentas. Pero recuerda que en el momento en que él está estresado, ya no es su Yo, el piloto de la aeronave, quien está en control, sino los copilotos inconscientes. El gatillo de la memoria se disparó por algún motivo, ya sea porque a él le fue mal en un examen o porque fue víctima de bullying.

Con frecuencia, el concepto de "autoridad de los padres" está distorsionado y se vuelve inmaduro y enfermizo. Muchos padres no pueden ser desafiados por sus hijos, porque pronto elevan su tono de voz. Algunos gritan cuando se sienten decepcionados, otros humillan a los jóvenes para mostrar que ellos son quienes mandan. Y aun otros los agreden cuando se sienten contrariados, y después, arrepentidos, los cubren de regalos. Los padres comunes actúan como si estuvieran en una partida de vencidas con sus niños y sus adolescentes; los padres inspiradores se preocupan por formar pensadores. Los padres comunes quieren ganar la discusión; mientras que los padres inspiradores quieren ganar el corazón. ¿Qué tipo de padre has sido tú? Si deseas ser un padre notable tendrás que cambiar de estrategia.

Los padres inspiradores bajan el tono de voz cuando sus hijos elevan el suyo. No quieren adiestrar el cerebro de sus hijos en la era digital, sino formar mentes que piensan antes de reaccionar y se ponen en el lugar de los demás. Planean formar jóvenes que no echen mano de los gritos, el escándalo o reaccionen sin control para resolver sus conflictos, pues saben que tales actitudes los llevarán a los valles del fracaso.

Los padres inspiradores entrenan a su Yo para ser calmado y generoso, no impulsivo y autoritario. Saben que el amor y la verdadera autoridad nacen en el territorio de la admiración, no de la presión. Sólo nos inspiramos y nos dejamos influir por quienes admiramos. ¿Eres tú un educador admirable o crítico? ¿Arrebatador o invasivo? Claro que, cuando es necesario, hay que fijar límites claros y de forma segura, pero los padres exasperados, que quieren imponer sus ideas a gritos o con un exceso de críticas, pierden a sus hijos, aunque los llenen de ropa de marca, les den comida en abundancia y les paguen colegiaturas caras en buenas escuelas. Los sentimientos respetan poco a las matemáticas financieras, y mucho a las matemáticas de la emoción, en las cuales multiplicar es juzgar menos y abrazar más.

Los padres que quieren hijos dispuestos, bien portados, que les obedezcan sin cuestionar y les agradezcan por todo lo que ellos hacen deben irse a vivir a otro planeta o volverse ermitaños en los Alpes franceses, pues convivir con seres humanos es prepararse para decepcionarse. Constituir una familia es la forma superior de amar, pero también de estresarse.

Los hijos que no decepcionan a sus padres pueden estar desarrollando una timidez severa o un miedo a expresar sus propias ideas y escuchar la opinión ajena; pueden estar padeciendo ataques de pánico o hasta una alienación social grave. Los hijos que desarrollan normalmente su personalidad frustran a sus madres, pierden el control ante sus padres, tienen reacciones desproporcionadas ante los "no" que reciben. Además, no pocas veces chantajean y juegan sucio con sus educadores: "¡Tú no me amas!", "¡Todos mis amigos tienen lo que te estoy pidiendo; eres el único padre del mundo que se rehúsa!".

Constituir una familia es la forma superior de amar, pero también de estresarse.

Quédate tranquilo, pues esos comportamientos forman parte del proceso, aún más en la era de la ansiedad, del envejecimiento precoz de la emoción y del bajo umbral para las frustraciones. Si quieres convivir con seres bien portados, es mejor convivir con mascotas. Probablemente, aunque hayas sido un santo en tu infancia y adolescencia, tuviste tus momentos de "locura". Chantajeaste, incluso exagerando un dolor o un estado febril para atraer más atención. La memoria de los padres es corta; exigen de sus hijos lo que ellos mismos no hicieron. Solemos olvidar nuestras travesuras cuando educamos.

Los padres comunes construyen su autoridad a gritos, los padres inolvidables construyen su autoridad con paciencia y dosis elevadas de gestión de la emoción. Los padres comunes se asustan cuando sus hijos están en crisis, mientras que los padres inspiradores protegen su mente, respiran profunda y lentamente, y abren el abanico de su inteligencia para dar respuestas que transformen las crisis en madurez, las frustraciones en lecciones de vida, los ataques de ansiedad en tranquilidad.

Recordemos: con frecuencia se tiene un concepto inmaduro sobre lo que es la personalidad y sus características; un error que cometen incluso los profesionales de la salud mental. La personalidad no es estática, sino plástica. Lo que cimenta y sustenta la personalidad con sus innumerables características son las ventanas de la memoria, que son archivos existenciales, biografiados por el fenómeno RAM a lo largo de la vida. Las ventanas de origen genético, en las cuales hay ansiedad o calma, hipersensibilidad o indiferencia, se abren ante los estímulos del cerebro fetal y del ambiente del útero materno.

A medida que el primer copiloto inconsciente de la aeronave mental se dispara (por ejemplo, el gatillo de la memoria ante una contracción uterina derivada de un estrés de la madre), el segundo copiloto entra en acción: las ventanas de origen genético. Éstas se abren y leen, mezclando el estímulo externo con el contenido genético interno. El ancla, el tercer copiloto, fija el territorio de lectura en esa minúscula área del cerebro fetal. El resultado es una experiencia emocional e intelectual todavía incipiente. Esa experiencia será registrada por el biógrafo del cerebro, formando las ventanas existenciales, que pueden ser killer o light.

Cada día un feto tiene miles de experiencias genéticas/existenciales, lo que conduce a la formación de las plataformas de ventanas existenciales en la capa más evolucionada del cerebro: la corteza. Al nacer, a veces hay una preponderancia de las experiencias existenciales del bebé, no de la carga genética. Él ya tiene cientos de miles de ventanas con millones de experiencias derivadas de sus malabarismos, de la succión del dedo, del estrés del encajamiento en el cuello uterino en el último mes del embarazo, de las moléculas que atravesaron la barrera placentaria y que emanan de los conflictos de la madre con el padre, de sus sueños, pesadillas, relajación; en fin, del universo de sus alegrías, de la seguridad, de las angustias o preocupaciones.

Dos bebés gemelos idénticos podrán reaccionar de manera diferente ante los mismos estímulos, como los cólicos intestinales, el dolor del hambre, la ausencia de la madre, la succión del pezón, la luminosidad del ambiente. Como vimos, el biógrafo del cerebro es implacable: registra todo y no selecciona nada. Sin embargo, archiva de manera privilegiada las experiencias con mayor volumen emocional.

Un fenómeno que no leí en la literatura médica, pero que constaté como psiquiatra e investigador, especialmente en esas más de veinte mil consultas psiquiátricas y psicoterapéuticas que realicé, es que un niño que nace prematuro tiene más probabilidades de ser un bebé ansioso e intranquilo que un bebé que nace a los nueve meses. ¿Por qué? Por haber sido expulsado brusca y prematuramente del útero materno en el pico del malabarismo fetal, donde tenía libertad de moverse y jugar. Él se adapta menos a los estímulos estresantes que encontrará en el útero social, lo que aumenta sus niveles de ansiedad. Mientras tanto, un bebé que nace a los nueve meses se encaja en el útero materno y si bien se estresa por no poder moverse, ese sufrimiento lo prepara para adaptarse mejor a los estreses del útero social.

Como vimos, el biógrafo del cerebro es
implacable: registra todo y no selecciona nada.
Sin embargo, archiva de manera privilegiada
las experiencias con mayor volumen emocional.

A pesar de que los bebés prematuros son más propensos a ser impacientes, pueden ser increíblemente inteligentes, proactivos y creativos, dar muchas alegrías a sus padres, a la escuela y a la sociedad en general. Pero saber usar el fenómeno RAM, o el biógrafo del cerebro, y la energía mental casi incontrolable de los bebés, para formar ventanas light y desarrollar habilidades como pensar antes de reaccionar, tener empatía, altruismo y resiliencia, representan un desafío para los padres maduros e inspiradores. Si la mayoría de los padres falla con sus hijos que nacen a término, imagina lo que sucede con los hijos prematuros. Pero al nacer a término, la hiperestimulación mental de los niños propiciada por los padres, por las escuelas, por el exceso de actividades y por los aparatos digitales, hace que en uno o dos años muchos tengan comportamientos semejantes a los de los niños hiperactivos o que nacieron prematuramente.

Padres impacientes, hijos ansiosos

En la era de los trastornos emocionales, los padres son injustos con sus hijos; son impacientes, intolerantes y especialistas en dar reprimendas, sin saber que ellos no tienen culpa alguna de ser inquietos, "rebeldes", de cometer con frecuencia los mismos errores. Quien no tiene paciencia y estrategias de gestión de la emoción no forma mentes libres, sino mentes aprisionadas.

¿Sabes cuántas ventanas de la memoria o archivos se necesitan para expresar las características de la personalidad? Miles. Si eres impulsivo o paciente, osado o tímido, altruista o egoísta, optimista o pesimista, no es porque tu Yo lo quiera, porque desees serlo conscientemente, sino porque estás a merced de las ventanas light (saludables) o killer (traumáticas) registradas en tu corteza cerebral. Nadie manifiesta sus características de forma mágica. Hay miles de ventanas con millones de datos que son leídos y expresan las características más preponderantes en nuestra personalidad.

Gritar, implorar o exigirle calma a un hijo impaciente, buen humor a una hija pesimista o flexibilidad a un joven obstinado, es ser un educador ingenuo, y a veces inhumano. Es pedirles lo que no pueden dar. Esa actitud mezquina de los padres comunes ocurre porque ellos creen que es posible borrar la memoria, eliminar los traumas, como se hace con las computadoras.

Santa ingenuidad cometida por cientos de millones de educadores. Los padres sabios e inspiradores conocen el funcionamiento de la mente, saben que la memoria no se borra, sólo se reedita mediante la inclusión de nuevas experiencias en el locus de las ventanas killer. O bien construyendo plataformas de ventanas light que contienen altruismo, resiliencia y autocontrol alrededor del núcleo traumático.

Utiliza el biógrafo del cerebro a tu favor. Cuando tus hijos eleven el tono de voz, experimenta bajar el tuyo. Eso forma ventanas light. Cuando estén irritados, guarda un silencio proactivo, callándote por fuera, pero preguntándote por dentro: "¿Por qué comprar la irritabilidad de mi hijo? ¿Por qué agredirlo? ¡Él vale oro y mi paz vale un diamante! ¡Voy a mantener mi autocontrol! No voy a entrar en su juego estresante. ¡Soy libre! Mi objetivo no es ganar la discusión, sino su corazón, llevarlo a pensar antes de reaccionar. Daré una respuesta inteligente para impactarlo".

Gritar, implorar o exigirle calma a un hijo impaciente, buen humor a una hija pesimista o flexibilidad a un joven obstinado es ser un educador ingenuo, y a veces inhumano. Es pedirles lo que no pueden dar.

Los padres inspiradores son jardineros de flores en el suelo de la mente de sus hijos. Los padres sorprendentes se hacen pequeños para volver grandes a los pequeños. ¿Tú transformas a los pequeños en personas grandes por medio de la gestión de la emoción, o los haces aún más pequeños por la necesidad neurótica de poder y de tener siempre la razón? Educar no es adiestrar animales, sino formar autores de su propia historia. Educar es enseñar a los hijos que los gritos, los chantajes y las crisis los llevarán a perder a quien aman, a no respetar, a asfixiar sus romances, a fracasar en la vida. Pero ¿cómo mostrarles la importancia de ser autores de su propia historia, si no somos autores de la nuestra cuando ellos nos contradicen?

Pregunto: ¿cuáles padres a partir de hoy serán más pacientes, tolerantes, bajarán el tono de voz cuando sus hijos eleven el suyo, no se desesperarán ante las fallas y frustraciones? A los que levantaron la mano, mi respuesta es: ¡no confío en ustedes! Y, en mis cursos, la mayoría levanta la mano rápidamente. También acostumbro decir que no confío en ellos. Muchos ríen, pero es en serio. No existen los milagros en el complejo programa de gestión de la emoción y desarrollo de la inteligencia socioemocional, sino el entrenamiento constante. Verás que, la próxima vez que te estreses, el gatillo de tu memoria se disparará en fracciones de segundo, se abrirán las ventanas killer y probablemente perderás el control.

He realizado muchos entrenamientos enfocados en programas de gestión de la emoción. Si participas en alguno de ellos, tienes que saber que la falla que cometerás no debe llevarte a autocastigarte ni a sentirte un educador fracasado. Considera cada nuevo desliz como un combustible para romper la cárcel de la monotonía y convertirte en un padre o madre estratégico, que cultiva durante meses o años ventanas light en la corteza cerebral de sus hijos. ¡Bienvenidos al entrenamiento de los padres inspiradores, bienvenidos al proceso de formación de mentes libres y brillantes!

Quien está entrenándose debe tener el valor de rastrear y reconocer sus conflictos, paradojas y limitaciones. ¡Vean esta contradicción!: los padres hablan mucho con sus bebés cuando ellos ni siquiera saben expresarse, ¡pero cuando los hijos aprenden a conversar, los padres normalmente se callan! De hecho, cuando los padres abren la boca, generalmente es para hacer críticas, no para cruzar sus mundos o transferir el capital que el dinero no puede comprar: el capital de sus experiencias.

Millones de hijos chinos, japoneses, europeos, latinos, norteamericanos y africanos nunca se enteraron de las lágrimas que sus padres lloraron, mucho menos de aquellas que nunca tuvieron el valor de derramar. ¿Son familias saludables o enfermas? Con frecuencia, la familia moderna es cartesiana, racionalista. ¡No entiende que los padres especialistas en corregir errores y señalar fallas están capacitados para convivir con máquinas y repararlas, pero no para formar pensadores generosos, autónomos y resilientes!

Este libro es más que una simple obra, es un manual de entrenamiento en la gestión de la emoción para formar padres inspiradores y maestros encantadores. Por lo tanto, me gustaría que siempre te pusieras en el lugar de un alumno. Y como mi alumno, te suplico que seas sincero, pues quien no es capaz de ubicar sus propios fantasmas mentales será atormentado por ellos toda la vida. ¿Tú domesticarás a tus vampiros emocionales o ellos te atormentarán? ¿Qué tipo de padre eres: un educador común, apto para actuar con las máquinas, o un maestro encantador, hábil para formar mentes brillantes? No tengas prisa en contestar. ¡Si eres un padre inspirador tendrás el valor de hablar de tus lágrimas para que tus hijos aprendan a llorar las suyas!

Los padres así son raros como lo son los diamantes. Sé que muchos educadores que lean este libro atentamente quedarán desconcertados. Varios dirán: "¡Hice todo mal! ¡Qué ciego estaba! ¡Fui burdo, rudo, insensible! Sólo sabía dar lo que el dinero puede comprar, pero nunca hablé de lo que no tiene precio; nunca les conté sobre los días más tristes de mi historia para que mis hijos aprendieran a escribir los mejores textos de su personalidad cuando el mundo se derrumbe sobre ellos. ¡Formé mucho más ventanas killer o traumáticas que ventanas light en el territorio de su emoción!".

En los lugares donde suelo dar entrenamiento, médicos, jueces, psicólogos y ejecutivos se llevan las manos a la cabeza y reaccionan de esta manera. Pero, por favor, no renuncies nunca. ¡Podrás encantar e inspirar, pero para eso necesitas perdonarte, abrazarte y darte una nueva oportunidad a ti mismo! ¡Tú puedes y debes reescribir su historia, incluso si tus cabellos ya están blancos!

Independientemente de la religión que profeses, e incluso si eres ateo y no tienes religión, todos tenemos mucho que aprender de un personaje que vivió hace dos mil años. Todas las religiones se equivocaron al no estudiar su mente, y las universidades se mostraron tímidas e infantiles por no estudiar las técnicas de gestión de la emoción que él utilizó para formar mentes libres y saludables. Mi teoría estudia no sólo los complejos fenómenos de la construcción de pensamientos, la formación del Yo como gestor de la mente humana y los papeles conscientes de la memoria. También me arriesgué a adentrarme en áreas en las que raros estudiosos penetraron: el proceso de formación de pensadores.

Por ejemplo, ¿qué técnicas conscientes e inconscientes usó Freud, un simple neurólogo, para construir su sofisticada teoría psicoanalítica y proseguir por la senda del estudio de la mente humana, la evolución de la personalidad y sus traumas? Einstein fue un alumno sin expresión y un profesor sin calificación, por eso trabajaba en una simple firma de patentes, analizando y sellando documentos; una actividad sin ningún atractivo intelectual. Pero él utilizó técnicas que el médico de Princeton que conservó su cerebro para ser estudiado por la posteridad jamás imaginó. La mayor genialidad de Einstein no estaba en sus neuronas, sino en las herramientas de gestión de la emoción que utilizó para desarrollar una de las teorías más complejas de la física.

No voy a entrar en detalles, pero sólo citaré que todos los grandes pensadores en las ciencias, en la política y en las artes, en mayor o menor grado, usaron por lo menos diez herramientas fascinantes de gestión de la emoción y de los pensamientos para producir nuevos conocimientos. Con frecuencia, utilizaron en forma intuitiva, casi sin saberlo:

1. El arte de la pregunta. Para ellos, las respuestas dependían de la cantidad y la calidad de las preguntas, y no de su ansiedad por responder.
2. Una capacidad casi insana para vivir según la teoría de que quien investiga o construye proyectos sin riesgos triunfa sin gloria.
3. Una persistencia obstinada e incontrolable para avanzar, incluso enfrentando abucheos y humillaciones.
4. Una necesidad casi neurótica de dudar de todo lo que era dogmático, incluso de sus propias verdades.
5. La ingenua confianza de que podrían hacer grandes cosas y grandes descubrimientos.
6. El hábito de tener enfoque y metas.

7. La comprensión de que, para alcanzar sus metas, debían hacer elecciones, y de que todas las elecciones implican pérdidas.

8. La creencia en sus sueños, que rayaban en el mesianismo, de que podrían cambiar el mundo, la sociedad y la ciencia.

9. Una desconfianza intuitiva en relación con el pensamiento lógico o dialéctico.

10. Una capacidad inconsciente e irrefrenable de liberar al más rebelde de los pensamientos —el antidialéctico o imaginario— para observar los fenómenos desde múltiples ángulos.

PRESERVAR LOS RECURSOS DEL PLANETA MENTE: PADRES QUE TRAUMATIZAN

Algunos padres tienen un alto desempeño en matemáticas e interpretación de textos, en países como en Suiza, Dinamarca, Finlandia, Japón, China, Alemania; pero, en relación con la gestión de la emoción, la educación en esos países ha fallado. Los maestros que son especialistas en corregir comportamientos, pero que no saben celebrar los aciertos de sus alumnos, son expertos en arreglar máquinas, pero no para formar mentes libres.

Incluso notables universidades, como Harvard, Stanford, Cambridge y Oxford son cartesianas; aunque inciten a sus alumnos a generar conocimientos, a ser proactivos y emprendedores, no los estimulan a viajar dentro de sí mismos, a revisar y apaciguar sus fantasmas mentales, a gestionar su emoción en los focos de estrés, a reeditar las ventanas traumáticas de la memoria. El infierno emocional está muy próximo de los hijos y alumnos, incluso ante educadores intelectuales, éticos, religiosos y bienintencionados.

Los maestros que son especialistas en corregir comportamientos, pero que no saben celebrar los aciertos de sus alumnos, son expertos en arreglar máquinas, pero no para formar mentes libres.

¿Tú te preocupas por recoger la basura esparcida por tu casa? ¡Sin duda que sí! Pero ¿te preocupas por la basura acumulada en el cerebro de tus hijos y alumnos? Millones de padres nunca han pensado en eso. Son educadores superficiales, aunque con buenas intenciones. ¿Cómo formar mentes creativas, libres y emocionalmente saludables, si no nos preocupamos por la basura acumulada en el cerebro de quienes amamos? Imposible. Muchos padres y maestros jamás les han preguntado a sus hijos y alumnos cuáles pesadillas los atormentan, qué ideas perturbadoras piensan, qué presidios mentales los encarcelan.

En Asia, en Europa, en África y en las Américas, más de 99 por ciento de los aciertos de los niños y adolescentes pasan desapercibidos, pero 100 por ciento de los errores se detectan y con frecuencia se señalan. Quien es un especialista en advertir fallas y corregir errores no está apto para formar mentes brillantes, pensadores capaces de ser autores de su propia historia.

¿Y tú, maestro? ¿Te preocupas por preservar los recursos del planeta Mente de tus alumnos? Si no te responsabilizas, aunque seas el mejor maestro de la escuela, el elocuente y el más pedagógicamente preparado, fracasarás como formador de mentes brillantes. Preocuparse por preservar los recursos naturales del planeta Tierra es vital, pero preocuparse por preservar los recursos del planeta Mente es aún más importante, pues, antes de que la Tierra sea destruida por el ser humano, el planeta Mente ya se fue a la quiebra, ya fue contaminado.

Sé siempre consciente de que un padre que critica mucho a sus hijos los traumatiza, mientras que un padre inspirador abraza más y juzga menos. Un maestro estresante es un juez que sentencia los comportamientos de sus alumnos, pero un maestro encantador es alguien que los elogia en público y los corrige en privado. Un padre que bloquea a sus hijos eleva el tono de voz, quiere ganar la discusión, mientras que un padre inspirador baja el tono de voz en los conflictos, pues quiere ganar el corazón. Un maestro saboteador es un señalador de errores, mientras que un maestro encantador elogia a quien se equivoca en el acto mismo del error. Dice: "Apuesto por ti y estoy orgulloso de tenerte en mi clase". Sólo después lo lleva a cuestionarse: "Ahora piensa en tu error". Los padres inspiradores y los maestros encantadores usan, por lo tanto, al biógrafo del cerebro para formar un jardín de ventanas light en el territorio de la mente de sus hijos y alumnos para que aprendan a ponerse en el lugar de los demás y tener autocontrol. Pero ¿dónde están los padres inspiradores y los maestros encantadores? En muchos lugares, incluso leyendo este libro, por eso doy gracias de que existes.

Nunca olvides que podemos sepultar no sólo a las personas queridas que mueren, sino también a las personas amadas que están vivas; y lo hacemos con nuestras neurosis o con la indiferencia al dolor ardiente y silencioso de nuestros hijos y alumnos. Mi propuesta es ésta: necesitamos transformar la educación familiar mundial; pasar de la era del señalamiento de errores a la era de la celebración de los aciertos. ¿Estás dispuesto a conocer un poco el complejo funcionamiento de nuestra psique para reinventarte y convertirte en un padre inspirador o una madre sorprendente? Entonces dedícate a implementar las herramientas de gestión de la emoción de este libro. La humanidad lo agradecerá, pues no puede convertirse en un hospital psiquiátrico a cielo abierto. Tenemos que formar mentes libres y saludables.

Conclusión

Dos grandes compromisos: una mirada al futuro

La inteligencia socioemocional, derivada de la teoría de la inteligencia multifocal, nos lleva a dos grandes compromisos, dos grandes romances. Primero, un romance con la humanidad. Quien lo desarrolla tiene la convicción de que los fenómenos que construyen las cadenas de pensamientos en milésimas de segundo, sin la participación consciente del Yo, están presentes en cada ser humano y, por lo tanto, revelan que somos más similares de lo que imaginamos.

Esta verdad científica debería motivarnos a pensar mucho más allá de un grupo social, cultural, académico, religioso, y más como especie. Ninguna de nuestras diferencias se opone a nuestra esencia. Por eso debemos luchar contra todo tipo de discriminación. Pensar como especie es un fruto excelente del desarrollo de la inteligencia artificial, muy poco desarrollado en el sistema académico mundial. Es muy fácil formar feudos, islas, crear espacios solitarios.

Sin embargo, no hay forma de proteger a la humanidad y al medio ambiente sin pensarnos como especie y sin tener un romance con ellos.

Si los árabes y los judíos desarrollaran la inteligencia socioemocional tendrían más habilidades para superar sus diferencias. Pues, en esencia, son iguales. Si pensáramos como especie, seríamos menos blancos y negros, celebridades y anónimos, occidentales y orientales, y más seres humanos apasionados por la familia humana.

La inteligencia socioemocional también requiere de un romance con la vida, que es bellísima y brevísima. Somos chispas vivas que centellean durante pocos años en el escenario de la existencia, y después se apagan tan misteriosamente como ascendieron. Nada es tan fantástico como la vida, pero también nada tan efímero y fugaz.

Hoy estamos aquí, mañana seremos una página en la historia. Debemos preguntarnos: ¿qué historia estábamos escribiendo? ¿Qué historia queremos escribir? ¿Qué legado queremos dejar? Algunos tienen fortunas, pero mendigan el pan de la alegría; han adquirido cultura, pero les falta el pan de la tranquilidad; poseen fama, pero viven solos, sin tener siquiera un hombro para llorar; son elocuentes, pero callan lo que son; viven en casas confortables, pero nunca encontraron la dirección más importante, la que está dentro de sí mismos. Erraron el blanco.

Nada es tan fantástico como la vida,
pero también nada es tan efímero y fugaz.

Vivir es una experiencia única, indescriptible, inimaginable, extraordinaria, compleja, llena de misterios y, al mismo tiempo, bañada de fragilidad. Por eso deberíamos, en nuestra corta trayectoria existencial, buscar los sueños más bellos, construir los mejores proyectos de vida, buscar las aspiraciones más fascinantes. ¿Cuáles son los sueños que nos controlan? ¿Qué metas asedian a nuestro Yo? Procurar desarrollar una mente libre, una emoción sana y relaciones saludables debería ser el objetivo más noble de quien quiere ser autor de su propia historia. Deberíamos perseguirlo como lo hace la persona agotada cuando busca refugio en un lecho y quien no tiene aliento cuando busca que los pulmones se abran para respirar.

Jamás deberíamos olvidar que, si la sociedad nos abandona, la soledad es superable; pero si nosotros mismos nos abandonamos, es insoportable.

LAS SOCIEDADES ESTÁN EN LA INFANCIA EMOCIONAL

Algunas paradojas evidentes confirman que las sociedades modernas están en su infancia emocional. Nos entrenan para conducir autos, pero no aprendemos nada para conducir el vehículo de nuestra mente o para gestionar nuestra ansiedad; nos preparan para caminar en el mundo exterior, pero no tenemos ninguna preparación para recorrer las avenidas del mundo psíquico; tenemos pólizas de seguros de todo tipo para preservar nuestros bienes, pero no aprendemos a tener un seguro emocional; nos preocupamos por tener empresas saludables y sustentables, pero no nos preocupamos por la más compleja de las empresas, la única que no puede quebrar: la mente humana; nos conectamos con el mundo por internet y las redes sociales, pero no aprendemos a conectarnos con nosotros mismos; ni siquiera aprendemos a dar un golpe lúcido a nuestros fantasmas emocionales: el miedo, la timidez, la ansiedad, la depresión, la impulsividad, el autocastigo, la autoexigencia.

Con toda razón más de tres mil millones de personas desarrollarán un trastorno mental a lo largo de su vida. Un caos emocional tan dramático como las peores guerras. No es sin motivo que, cuanto peor sea la calidad de la educación, más importante será el papel de la psiquiatría y de la psicología clínica.

No hay seres humanos completos, sino seres humanos en construcción. Prevenir es la clave. Pero somos incapaces de detectar los vampiros emocionales que succionan nuestra calidad de vida y sabotean nuestro potencial social y profesional.

Si un nuevo virus letal infecta a algunas personas, la Organización Mundial de la Salud entra en pánico. Se movilizan miles de científicos para evitar una nueva epidemia global. Eso es importante. Pero hay decenas de millones de niños y adolescentes en todas las naciones modernas enviciados con los smartphones y saturados de actividades, que asfixian su infancia, su creatividad y su capacidad de aventurarse; desarrollan un trabajo intelectual casi esclavo, sólo que legalizado. Sin embargo, rara vez alguien entra en pánico por eso. He denunciado ese fenómeno mundialmente. Pero ¿quién oye ese clamor? Por fortuna ustedes, personas comunes, padres y maestros, están escuchando fuerte y claro.

El número de datos se multiplicó como nunca en la historia, pero no estamos formando pensadores colectivamente, y sí repetidores de información. La medicina, la psiquiatría y la psicología avanzaron intensamente, pero las estadísticas demuestran que lo normal es estar estresado y ansioso, y lo anormal es ser saludable. Sólo para recordar: 30 por ciento de los jóvenes brasileños ha presentado síntomas de depresión. Y cerca de 80 por ciento de ellos, síntomas de timidez e inseguridad. ¿Qué sociedad estamos construyendo?

Si los niños y los jóvenes aprendieran a usar desde edad temprana las herramientas para desarrollar la inteligencia socioemocional, la humanidad sería otra. No sólo disminuiría el número de alumnos que practican bullying, sino que protegeríamos al agredido. Además, tendríamos una casta de pensadores que desarrollarían un notable sentido de observación, capacidad de reinventarse, de pensar a mediano y largo plazo, de percibir las necesidades de los demás, de trabajar las pérdidas y frustraciones, de reciclar las falsas creencias. Siempre serían generosos, tolerantes, osados, disciplinados, indagadores, carismáticos, empáticos, soñadores.

Si los niños y los jóvenes aprendieran a usar
desde temprana edad las herramientas para
desarrollar la inteligencia socioemocional,
la humanidad sería otra.

Tener una mente socioemocionalmente inteligente es saber valorar tanto las sonrisas como la tristeza. Es tener humildad en el éxito y aprender lecciones en los fracasos. Es agradecer los aplausos, pero saber que es en las cosas simples y anónimas donde se esconden los mejores tesoros de la emoción.

Tener una mente brillante es tomar consciencia de que cada ser humano es un mundo por conocer y una historia por explorar. Todas las personas poseen riquezas escondidas dentro de sí, incluso las más difíciles y complicadas, incluso las que se equivocan y fracasan continuamente. Tener una mente saludable es buscar oro en el territorio de quien amas y debajo de tus escombros. Es tener la madurez para decir "Me equivoqué" y el coraje para decir: "Perdóname". Es tener el valor de escuchar un "no", la madurez para recibir una crítica, la resiliencia para soportar las pérdidas. Es decir con intensidad: "¡Gracias por existir!", "¡Discúlpame!", "¿Qué puedo hacer para que seas más feliz?".

Todas las personas poseen riquezas escondidas dentro de sí, incluso las más difíciles y complicadas, incluso las que se equivocan y fracasan continuamente.

Tener una mente socioemocionalmente libre y creativa es también extraer lucidez de nuestras fallas, ganancias de las pérdidas, salud de la capacidad de perdonar, autodominio en el territorio de la ansiedad, seguridad en los valles del miedo, alegría en la tierra de las angustias más abrasadoras. Es tener la seguridad para recibir una crítica, aunque sea injusta. Es volver a comenzar cuantas veces sean necesarias...

Y por encima de todo, es tener la convicción de que, a pesar de nuestros defectos, traumas y debilidades, la vida es un prodigio único e imperdible en el teatro de la existencia. Vale la pena escenificarla, pues nadie es digno de la salud mental si no utiliza sus crisis y sus conflictos para nutrirla; nadie es digno de la madurez si no usa sus lágrimas para irrigarla.

Recuerda que la mejor forma de invertir en nuestra salud emocional y en nuestra felicidad es irrigar la calidad de vida de los demás. Soñamos con que puedas volverte un multiplicador de lo que aprendiste. Desarrollar una mente libre y una emoción saludable no es algo común, pero es fundamental. Espero que puedas usar las herramientas que conociste aquí para crear una historia de amor con tu propia historia y conducir a los niños y adolescentes a una vida con más libertad, creatividad y sabiduría.

Programa Escuela de la Inteligencia

Queridos padres y profesores, ¿cuánto vale la salud mental de sus hijos y alumnos? El Programa Escuela de la Inteligencia es el primer programa mundial de gestión de la emoción y de promoción de la salud mental para niños y adolescentes.

Este programa se concibió hace más de treinta años y se ha implementado desde hace más de diez en más de 1,200 escuelas, cuyo impacto ha alcanzado a más de 400,000 alumnos y emocionado a cientos de miles de padres. ¿Por qué ese resultado? Porque el programa Escuela de la Inteligencia es mucho más que un programa de valores y de educación socioemocional. En él no sólo enseñamos nociones de ética, responsabilidad, emprendedurismo, liderazgo y socialización, sino también las habilidades indispensables para que un alumno prevenga trastornos mentales, desarrolle el autocontrol, sea líder de sí mismo, gestione su emoción, administre la ansiedad, tenga resiliencia y sea el abogado defensor de su propia mente contra pensamientos perturbadores.

Tenemos más de cincuenta psicólogos en nuestro cuerpo técnico, quienes viajan para entrenar a maestros, padres y alumnos. Además, ofrecemos el programa gratuitamente a orfanatos y escuelas con altos índices de violencia.

Si crees que es fundamental que la escuela donde estudian tus hijos o donde tú mismo enseñas tenga ese programa en su currículo, conversa con el administrador y los coordinadores de tu escuela, regálales este libro para que conozcan las bases del proyecto. ¡Al final, el futuro emocional y social de tus hijos o alumnos es más valioso que todo el oro del mundo!

Conoce el programa en:
www.escoladainteligencia.com.br

o entra en contacto por correo electrónico:
contato@escoladainteligencia.com.br

Dejo aquí un agradecimiento especial a todos los embajadores oficiales del programa "Tú eres insustituible", el primero en la actualidad para prevenir la depresión y el suicidio, que se basa en las herramientas de gestión de la emoción. El programa es totalmente gratuito, y cuenta con apoyos importantes como el del Ministerio de Justicia, la Policía Federal, la Asociación de Magistrados de Brasil, el Consejo Regional de Medicina del Estado de São Paulo, la Policía Militar del Estado de São Paulo, además de artistas como Michel Teló y líderes deportivos como Daniel Alves, Kaká, Diego y tantos otros.

¡Sé tú también embajador de este programa!

Visita el sitio www.voceeinsubstituivel.com.br, divulga el proyecto en tus redes sociales y ayúdanos a difundir este mensaje. ¡Muchas gracias por ser un apasionado por la vida y por la humanidad!

Esta obra se imprimió y encuadernó
en el mes de agosto de 2023,
en los talleres de Impregráfica Digital, S.A. de C.V.,
Av. Coyoacán 100–D, Col. Del Valle Norte,
C.P. 03103, Benito Juárez, Ciudad de México.